U0712517

从体验中完善自我，应对挑战

——大学生职业发展与就业指导教程

主　编　浦　榕　李德林

副主编　曾文惠　李菁菁　熊　秋

云南大学出版社

图书在版编目（CIP）数据

从体验中完善自我，应对挑战：大学生职业发展与就
业指导教程/浦榕，李德林主编．—昆明：云南大学出版
社，2009（2014 重印）

ISBN 978 - 7 - 81112 - 902 - 1

Ⅰ．从…　Ⅱ．①浦…②李…　Ⅲ．大学生—职业选择—高
等学校—教材　Ⅳ．G647.38

中国版本图书馆 CIP 数据核字（2009）第 141730 号

从体验中完善自我，应对挑战
——大学生职业发展与就业指导教程

浦　榕　李德林　主编

策划编辑：邓立木
责任编辑：邓立木　王　磊　和六花
　　　　　杨娟娟　李　平　刘　焰
封面设计：刘　雨
出版发行：云南大学出版社
印　　装：云南大学出版社印刷厂
开　　本：787mm×1092mm　1/16
印　　张：15.75
字　　数：219 千
版　　次：2009 年 8 月第 1 版
印　　次：2014 年 8 月第 5 次印刷
书　　号：ISBN 978 - 7 - 81112 - 902 - 1
定　　价：25.00 元

地　　址：昆明市一二一大街云南大学英华园（邮编：650091）
发行电话：0871 - 65031071　65033244
网　　址：http://www.ynup.com
E - mail：market@ynup.com

《从体验中完善自我，应对挑战》
编委会

编　　审：杨　凌　郭永章　金克炜

主　　编：浦　榕　李德林

副　主　编：曾文惠　李菁菁　熊　秋

编委会成员：（以编写章节为序）

第一章　高金萍　赵雪莉　冉应娟
　　　　刘　林　陶　帆　王丽芳
　　　　李德林
第二章　李菁菁　熊　秋
第三章　周　佳　黄　薇
第四章　浦　榕　海　琛
第五章　浦　榕　李菁菁
第六章　浦　榕　李菁菁　熊　秋

序

　　为深入贯彻落实科学发展观，进一步做好高校大学生就业工作，昆明医学院海源学院浦榕和李德林两位同志主编的《从体验中完善自我，应对挑战——大学生职业发展与就业指导教程》将作为大学生择业的指导用书，付梓出版。

　　做好高校大学生就业工作，需要我们以高度的政治责任感，以满腔热忱和十二万分的爱心，具有熟悉掌握就业政策和洞察就业市场变化的素质和能力。该书在阐述职业生涯发展规划理论、职业能力培养与解决实际就业问题方面，有前瞻性的概括；在把握大学生择业方法技巧与现实的对接方面，有适应性的契合；在启迪大学生提升综合素质和就业技能、运筹帷幄、正确择业方面，有挑战自我的激励。

　　2009 年是新中国成立六十周年的甲子之年，又是我国应对国际金融危机"保增长、保民生、保稳定"攻坚克难的一年。就业是民生之本，实现大学生就业是解决民生问题的重要内容，又是深入贯彻落实科学发展观的集中体现。党和国家高度重视大学生就业，并作了一系列战略部署。在指导大学生职业规划的教学实践中，要加大对各项就业政策全面宣传的力度，进一步对大学生加强教育引导，切实把现有的政策用足用好，积极鼓励大学生对创业、就业中出现的新情况、新问题进行研究，深入做好大学生的思想政治工作，让大学生充分了解政策，积极应对就业形势的变化，激活大学生以创业促进就业的主动性、创造性，最大限度地帮助大学生实现其社会价值和人生价值。

中共云南省高校工委副书记

2009 年 7 月

前　言

　　大学毕业生是国家的宝贵财富，是社会进步、发展的永久动力。我国每年有数百万大学毕业生涌向社会寻求职业。大学生就业问题的解决，直接关系到毕业生的切身利益，关系到社会的稳定，更关系到高等教育的发展和科教兴国战略的实施。而随着我国高等教育从精英教育逐步向大众教育的转变，传统的就业指导方式已经不能适应新时期大学生择业的要求。高校应该抓住机遇，迎接挑战，不仅要在学生毕业学期开展应急性培训和就业指导，更应把就业教育贯穿于学生在校学习的全过程，在拓宽学生专业知识面、加强学生人文素质培养的同时，提高学生的社会适应性，注重培养学生的动手能力和创新精神；提高学生对市场变化、社会变化的关心度，不断提高自身素质，与职业发展同频共振，使大学生就业具有针对性、科学性和实效性。

　　正是基于这样的现实情况，作为多年从事高校毕业生就业指导工作的教育工作者，笔者以强烈的责任感和紧迫的使命感，在吸收和借鉴资深专家、学者的理论和实践研究的基础上编写了本书。笔者从大学生职业规划的原则、方法入手，将职业生涯发展规划理论、职业能力培养与解决实际就业问题，通过体验式教学方式有机结合起来，既传授了先进的职业生涯规划理论和方法，也讲授了学生毕业求职阶段所需要的相关知识和求职技巧。这些理论和方法对于当代大学生的择业、就业，将来的人生运筹，乃至自我价值的实现等方面都具有很强的指导性。本书每一章节后面都有相应的练习题，以帮助学生消化理解所学知识并解决自身的实际问题。

　　本书不仅有利于引导大学生正确看待就业，从容应对就业竞争，而且可以帮助他们找到成功走向社会的契机，树立人生的奋斗目标，为个人的成功与社会的发展奠定坚实的基础。只要正确分析和认识自身存在的问题，建立合理的知识结构，找准自己的职业定位，必能拨云见日，纵横于广阔职场。

目　录

序 ……………………………………………………… 陶　晴 (1)

前　言 ………………………………………………………… (1)

第一章　大学生职业生涯发展规划 ………………………… (1)

　第一节　职业生涯与发展规划导论 ……………………… (2)

　　一、职业生涯规划的相关概念及产生 ………………… (3)

　　二、影响职业规划的因素 ……………………………… (10)

　　三、职业生涯规划的要素、原则、内容和步骤 ……… (21)

　第二节　转变角色，形成职业期望 ……………………… (35)

　　一、认识自我，转变角色 ……………………………… (35)

　　二、了解职业，了解环境 ……………………………… (48)

　　三、形成职业期望 ……………………………………… (56)

　第三节　职业发展决策 …………………………………… (65)

　　一、确立目标职业 ……………………………………… (65)

　　二、制定大学期间的学业规划 ………………………… (73)

　　三、制定大学期间的成长规划 ………………………… (82)

　　四、制定职业生涯规划 ………………………………… (85)

　　五、职业生涯规划注意事项 …………………………… (87)

　　六、获取与职业相关的证书 …………………………… (92)

　　七、职业生涯规划的反馈、修正 ……………………… (99)

第二章　大学生就业心理调适 …………………………… (102)

　第一节　就业中常见的心理问题 ……………………… (102)

　　一、求职过程中常见的心理问题 …………………… (102)

二、造成毕业生就业心理问题的原因 ……………………………（104）

第二节　就业心理问题调适方法 ………………………………（112）

一、心理调适的概念 ……………………………………………（112）

二、心理调适的方法 ……………………………………………（113）

第三节　就业中常见心理问题调适 ……………………………（118）

一、焦虑心理问题的调适 ………………………………………（118）

二、冷漠心理问题的调适 ………………………………………（120）

三、怯懦心理问题的调适 ………………………………………（121）

四、孤傲心理问题的调适 ………………………………………（121）

五、自卑心理问题的调适 ………………………………………（122）

第三章　大学生就业权益保护 …………………………………（125）

第一节　常见的侵权违法行为 …………………………………（125）

一、求职中出现侵权违法行为的原因分析 ……………………（125）

二、求职过程中常见的侵权违法行为 …………………………（126）

第二节　确定就业单位后需注意的四个重要环节 ……………（128）

一、签订就业协议 ………………………………………………（128）

二、签订劳动合同 ………………………………………………（129）

三、购买社会保险 ………………………………………………（130）

四、劳动争议的处理 ……………………………………………（131）

第三节　就业协议的签订 ………………………………………（132）

一、就业协议的概念 ……………………………………………（132）

二、就业协议的签订 ……………………………………………（132）

三、就业协议的解除 ……………………………………………（134）

四、就业协议签订中常见的问题及对策 ………………………（135）

第四节　签订劳动合同 …………………………………………（136）

一、劳动合同的概念和特征 ……………………………………（136）

二、劳动合同的签订 ……………………………………………（138）

三、签订劳动合同时常见的问题及对策 ………………………（141）

　　四、解除劳动合同的相关问题及对策 ……………………（144）

　　五、终止劳动合同的相关问题及对策 ……………………（146）

　第五节　社会保险的购买 ………………………………（148）

　　一、社会保险的概念和类型 ………………………………（148）

　　二、购买社会保险的流程 …………………………………（149）

　　三、社会保险购买中常见的问题及对策 …………………（149）

　第六节　劳动争议的处理 ………………………………（153）

　　一、劳动争议的概念 ………………………………………（153）

　　二、劳动争议的处理机构 …………………………………（153）

　　三、劳动争议处理程序 ……………………………………（154）

第四章　大学生就业能力的提升与完善 ………………（157）

　第一节　社会需要什么样的人才 ………………………（157）

　　一、社会对人才的评价和选择 ……………………………（157）

　　二、最受欢迎的七类人才 …………………………………（160）

　　三、当今社会最热门的十种才能 …………………………（161）

　　四、当今用人单位和社会所需要的毕业生 ………………（164）

　　五、不受用人单位欢迎的毕业生类型 ……………………（165）

　第二节　提升就业能力 …………………………………（167）

　　一、建立合理的知识结构 …………………………………（168）

　　二、发展自我，实践成才 …………………………………（170）

　　三、素质的培养 ……………………………………………（178）

第五章　精心准备应对挑战 ……………………………（187）

　第一节　信息的准备 ……………………………………（187）

　　一、了解获取信息的渠道 …………………………………（187）

　　二、整理分析就业信息 ……………………………………（189）

　第二节　资料的准备 ……………………………………（189）

　　一、推荐表 …………………………………………………（190）

二、求职信 ……………………………………………… (191)

三、简 历 ……………………………………………… (193)

第三节 求职中的沟通艺术 ……………………………… (194)

一、第一印象的建立 …………………………………… (194)

二、语言沟通 …………………………………………… (195)

三、非言语沟通 ………………………………………… (196)

第四节 应聘技巧 ………………………………………… (199)

一、自我介绍的技巧 …………………………………… (199)

二、赢得好感的技巧 …………………………………… (201)

三、面试的形式 ………………………………………… (203)

四、面试中的失败案例 ………………………………… (208)

五、面试的技巧 ………………………………………… (211)

六、回答问题的技巧 …………………………………… (213)

七、应聘者成功应对面试考官的八大秘诀 …………… (214)

八、巧避面试陷阱 ……………………………………… (216)

九、女性求职如何回答敏感问题 ……………………… (217)

第五节 如何回答面试中可能提到的问题 …………… (219)

第六章 自信走进模拟考场 ……………………………… (222)

第一节 模拟考场的程序及要求 ………………………… (223)

一、目的与要求 ………………………………………… (223)

二、模拟考场的程序 …………………………………… (224)

第二节 进入模拟考场的准备 …………………………… (224)

一、心态的准备 ………………………………………… (224)

二、自我介绍的准备 …………………………………… (227)

三、着装的准备 ………………………………………… (229)

四、语言的准备 ………………………………………… (230)

参考文献 …………………………………………………… (233)

后 记 ……………………………………………………… (239)

第一章 大学生职业生涯发展规划

职业（Career）一词，不同于工作（Job），它是指一种事业，是参与社会分工，利用专门的知识和技能，为社会创造物质财富和精神财富，获取合理报酬，作为物质生活来源，并满足精神需求的工作。在德语中，职业一词为"Beruf"，乃是"天职"之意。

职业是个人毕生应当为之而不懈奋斗的目标，是一种高尚的事业。因此，职业问题不是简单的工作问题，职业生涯发展规划也不是找一份满意的工作的问题。合理有效的职业生涯发展规划对于我们每一个人，大到人生价值，小到基本生存都具有深刻的意义。

第一，职业生涯规划能让我们的人生具备目标，而目标让能让我们的人生富有意义。哈佛大学有一个非常著名的关于目标对人生影响的跟踪调查，其调查对象是一群智力、学历和环境等条件都相仿的年轻人，调查结果显示：3%的人有清晰且长期的目标，一直朝着同一个方向不懈地努力。25年后，他们几乎都成了社会各界的顶尖成功人士，其中不乏创业者、行业领袖和社会精英。10%的人有清晰的短期目标，大都处于在社会的中上层。他们的共同特点是：不断完成预定的短期目标，生活状态逐步上升。25年后，他们成了诸如医生、律师、工程师、高级主管等各行各业不可或缺的专业人士。60%的人目标模糊，25年后能安稳地生活与工作，但都没有什么特别突出的成绩。其余的27%是那些没有目标的人群，他们几乎都生活在社会的最底层，生活过得很不如意，常常失业，靠社会救济过活，并且常常都在抱怨他人、抱怨社会、抱怨世界。从这个调查中我们不难看出，职业生涯规划能帮助个人找准人生目标，而目标的越早明确就越能使个人在人生追求的过程中找到属于自己的坐标。

第二，职业生涯规划能帮助个人认识就业形势，居安思危，唤醒职业规划意识，激发成就动机。它的主要内容就是要了解职业、了解劳动力市场以及了解当前的就业形势，让自己对所处的环境有一个清醒的认识，保持积极的心态，为将来的职业前程做好准备。

第三，职业生涯规划能帮助个人作出正确的职业选择，找到适合自己的职业目标。通过分析、认识自己，明确自己的优势，正确设定自己的职业发展目标，并制订行动计划，使自己的才能得到充分发挥，从而实现职业发展目标。

第四，职业生涯规划能帮助个人培养职业能力与职业素质，增强自我效能感。通过职业生涯规划，使自己明确职业发展目标，逐步提升自己的能力和素质，使自己更加自信地面对学习、生活中遇到的各种问题。

第五，职业生涯规划有助于抓住重点，增加成功的可能性。制定职业生涯规划的一个最大好处是有助于学生分清主次，按轻重缓急安排好日常的工作，紧紧抓住工作的重点，提高成功的几率。

第一节　职业生涯与发展规划导论

凡事"预则立，不预则废"，大学生在校期间越早意识到职业生涯与发展规划的重要性，就能越早进入职业人的角色，关注并了解自己感兴趣的职业领域和行业发展，认识自己和社会，使自己的择业历程具有明确的目标和方向，为自己更早地涉入职业奠定基础。

一、职业生涯规划的相关概念及产生

（一）生涯的概念和生涯的特点

在我们的现实生活中，常常用到"生涯"一词，政治生涯、演艺生涯、教师生涯等，那么，究竟什么是生涯呢？生涯的英文是"career"，来自罗马文"viacarraria"和拉丁文"carrus"，都有古代战车的意思。希腊文中一开始将其作为动词使用，带有竞争的意思，后来逐渐引申为道路，即人生的发展道路，或指一个人一生中所扮演的系列角色与职位。说得通俗点，"生"为"活着"，"涯"为"边际"，生涯合起来就是指"一生"。

对于"生涯"的含义，许多学者都作过定义，现在大多数学者所认同的关于生涯的定义来自美国职业指导专家舒伯（Donald E. Super）：生涯是指生活中各种事件的演进方向和历程，它综合了人一生中各种职业生涯和生活角色，由此表现出个人独特的自我形态。除了职业之外，生涯还包括其他与工作有关的角色，如学生、退休者，甚至包含了家庭和公民的角色。这也说明了生涯是人一生的过程，而非单一的、暂时的角色。

所以，生涯是介于"生命"和"职业"之间的概念，其内容是比较宽泛的，具有丰富的内涵和特性。

（1）**终身性**。终身性指生涯的发展是人一生中连续不断的过程。它包括了一个人一生中所拥有的各种职位、角色，它不是个人在某个时段特有的，而是终生发展的过程。

（2）**独特性**。每个人的生涯发展都是独一无二的。生涯是个人依据其人生理想，为了实现自我而逐渐展开的一种独特的生命历程。也许某些人在生涯的形态上有相似的地方，但其实质却可能完全不同。正如俗话说的，"世界上没有完全相同的两片树叶"，人的发展脉络犹如树叶一样是不可能完全相同的。

（3）**发展性**。人是生涯的主动塑造者。生涯是一个动态的发展历程，个人在不同的发展阶段会有不同的需求，这些需求会不断地发展变化，从而刺激生涯不断丰富和发展。

（4）**综合性**。生涯以个人事业发展为主轴，包括了其他与工作有关的角色。但同时它又不仅仅局限于个人的职业角色，还包括学生、子女、父母、公民等涵盖整个人生发展的各个层面的各种角色。

（二）职　业

职业是社会进步、人类发展中不断形成的分门别类的生产作业、劳动分工不同的一个概念，它是五花八门的，只要有需求，就会有与之相关的职业。大学是个体成长的特殊发展阶段，是人的一生中心理发展变化最快的时期。在这一时期，个体逐渐从幼稚走向成熟，个人可能根据自己的学习，从小到大的梦想就会经过这个关键的时期实现；又或者，通过大学阶段的学习和实践，让个人逐渐意识到小时候的那些梦想和现实的距离，然后会通过进一步的学习或者心理的调整，使自己更加适应现实。因此，大学阶段是大学生进入职业领域前系统的、完整的准备阶段。在此期间，怎样树立正确的职业意识，怎样规划自己的职业生涯，都是一个很重要的问题。

职业意识是人们对职业劳动的认识、评价、情感和态度等心理成分的综合反映，是支配和调控全部职业行为和职业活动的调节器，是人们关于职业的观念形态。它既影响个人的就业和择业方向，又影响整个社会的就业状况。它由就业意识和择业意识构成。就业意识指人们对自己从事的工作和任职角色的看法；择业意识指人们对自己希望从事的职业的看法和要求。职业意识具体表现为：

第一，对职业的社会意义和地位的认识。人们希望自己所从事的职业能对社会有所贡献，也希望自己能得到相应的尊重、声誉和地位。

第二，对职业本身的科学技术水平和专业化程度的期望和要求。人们认为职业的知识性、技术性愈强，所需要的文化技术水平愈高，也就愈能发挥自己的才能。

第三，要求职业能够与个人的兴趣、爱好相符。这种愿望和要求的实现，能使人们心理上得到满足，从而在职业活动中发挥自己的特长。

第四，对职业的劳动或工作条件的看法和要求。这方面包括职业的劳动强度、工作环境、地理位置等客观物质条件，以及工作岗位上的人事关系、社会环境和职业的稳定性等。

第五，对职业的经济收入和物质待遇的期望。这方面包括劳动报酬或经营收入，以及住房、交通、医疗卫生等社会福利。

国外心理学家认为，职业意识是指人们对职业的认识、意向以及对职业所持的主要观点。它的形成不是突然的，而是经历了一个由幻想到现实、由模糊到清晰、由摇摆到稳定、由远至近的产生和发展过程。它主要受家庭和社会两方面因素的影响，除此之外，个人的心理和生理特征、受教育程度、个人的生活状况、社会经历等也不同程度地影响人们职业意识的形成。

（三）职业生涯规划

职业生涯规划简称生涯规划，又叫职业生涯设计，是指个人在对个人职业生涯的主客观条件进行测定、分析、总结的基础上，结合自己的兴趣、爱好、能力、特点进行综合分析与权衡，根据时代特点和个人的职业倾向，确定其最佳的职业奋斗目标，并为实现这一目标作出行之有效的安排。

职业生涯规划并不是一个单纯的概念，它和个体所处的家庭、组织以及社会存在密切的关系。同时，随着个体价值观、家庭环境、工作环境和社会环境的变化，每个人的职业期望都有或大或小的变化，因此它又是一个动态变化的过程。

职业生涯规划就是具体设计及实现个人合理的职业生涯计划——测、定、学、干、评、发。一份合格有效的职业生涯规划应当具备可行性、适时性、适应性、连续性等特征。

（四）职业生涯的发展阶段

职业生涯是一个人一生中所有与职业相联系的行为与活动，以及相关的态度、价值观、愿望等的连续性经历的过程，也是一个人一生中职业、职位的变迁及工作理想的实现过程。简单地说，职业生涯就是一个人终生的工作经历，是人一生中最重要的历程，是追求自我、实现自我的重要人生阶段，对人生价值的实现起着决定性的作用。

一般来讲，我们的职业生涯开始于任职前的职业学习和培训，终止于退休。我们选择什么职业作为我们的工作，其重要性对于每个人来讲都是不言而喻的。我们未来的衣食住用行等各种需要，包括许多年轻人梦想的出国旅游、学习等，几乎都要通过我们的工作来满足。同时，现代人大部分时间是在社会组织中度过的，在毕业后到退休前的几十年中，我们几乎每天都要和我们的工作打交道。因此，对于所从事的工作，我们自己是否喜欢，是否适合，是否觉得这份工作很有意义，是非常重要的。一位总裁曾经说过："在我看来，世界上最大的悲剧莫过于，有太多年轻人从来没有发现自己真正想做什么。想想看，一个人在工作中只能赚到薪水，其他的一无所获，这是一件多么可悲的事情啊！"所以，我们在选择职业的时候，应该慎重的对待。中国的古话"男怕入错行，女怕嫁错郎"，在一定程度上反映了职业对于我们每个人的重要性。

著名职业生涯规划大师舒伯把人的职业发展过程分为五个阶段：

（1）**成长阶段**：从出生至14岁，该阶段开始形成自我观念，开始以各种不同的方式来表达自己的需要，且经过对现实世界不断地尝试，修饰自己的角色。这个阶段发展的任务是：发展自我形象，发展对工作世界的正确态度，并了解工作的意义。

（2）**探索阶段**：从 15 岁至 24 岁，该阶段通过学校的活动、社团休闲活动、打零工等机会，对自我能力及角色、职业作了一番探索，因此选择职业时有较大弹性。这个阶段发展的任务是：使职业偏好逐渐具体化、特定化，并实现职业偏好。

（3）**建立阶段**：从 25 岁至 44 岁，由于经过上一阶段的尝试，会谋求变迁或作其他探索，因此该阶段较能确定在整个职业生涯中属于自己的"位子"，并在 31 岁至 40 岁这一阶段，开始考虑如何保住这个"位子"，并固定下来。这个阶段发展的任务是：统整、稳固并求上进。

（4）**维持阶段**：从 45 岁至 65 岁，个体仍希望继续维持属于他的工作"位子"，同时会面对新的人员的挑战。这一阶段发展的任务是：维持既有成就与地位。

（5）**衰退阶段**：65 岁以上，由于生理及心理机能日渐衰退，个体不得不面对现实：从积极参与到隐退。这一阶段往往注重发展新的角色，寻求不同方式以替代和满足需求。

（五）职业生涯规划的产生

从人类社会很早的时候，就有一定的分工，甚至中国古代也有"职业分途"的说法。然而，现代意义上的"职业"却是近代的事情，无论在何种意义上，职业都是一个现代性的词汇。因为，只有在个人获得了自由，可以自主决定自己的命运时，才有所谓的职业问题。

1. 西方职业生涯规划的发展与完善

西方近代资产阶级社会产生后，经过宗教改革，个人获得了直接与上帝进行对话的合法权力，产生了现代的个人主义和个人自主，并且这种个人主义和个人自主也成为激励资本主义经济机器运转的精神动力。当新教徒把所从事的工作视为天职时，职业精神便出现了。因为他们相信，只有通过今生不停地工作，才能得到上帝的恩宠。

在美国波士顿大学教授弗兰克·帕森斯的倡导下，1908年成立了世界上第一个职业指导机构——波士顿地方就业局。1913年成立了全国职业指导协会，该协会把"职业指导"定义为"是帮助个人准备职业、选择职业、获得职业和转换职业的一种过程"，这个过程已包含了职业生涯设计的雏形。在20世纪20年代前后，德国、英国、法国、日本、苏联和中国也继美国之后，相继推行了职业指导。"职业指导"的概念在20世纪80年代被"生涯咨询"代替；休波的"发展理论"成为生涯发展定位理论。美国国家职业指导协会在1983年建立了全国生涯指导员制证委员会，制定了生涯指导员资格标准，于1984年组织了第一次考试，开始颁发国家注册的生涯指导员资格证书。同年，协会改名为"生涯发展协会"。

美国的职业生涯咨询有个完善发展的过程，如下表。

表一：美国职业生涯咨询的发展

阶 段	时 间	发展内容
第一阶段	1890—1919年	以就业咨询定位服务为主，服务于不断城市化和工业化的社会
第二阶段	1920—1939年	中小学里的职业指导教育成为焦点
第三阶段	1940—1959年	重点转向大学生，并对咨询人员进行培训
第四阶段	1960—1979年	人们对职业的选择余地加大，重视个人的职业发展，职业咨询进入兴盛时期
第五阶段	1980—1989年	工业时代向信息时代过渡，生涯咨询更加受到欢迎
第六阶段	1990年至今	生涯指导走向国际化，从学校到择业的过渡成为焦点

20世纪80年代开始，人们对终生职业发展的兴趣日增，美国政府通过联邦法令、州法令和地方法令多种形式，使职业生涯咨询有了法律保障，有效地帮助了人们找到高技术职业的工作，并在这样

的职业中有所提高，以满足其他工商业中的技术需要和预先的技能培训。同时，各种法令的出台也促成了学校实习项目及学校和商业的合作关系，而且对生涯咨询作出了规定，促使每所学校里都设立了职业指导机构，并且至少有一名具有资格证书的人员对学生进行指导。

2. 中国职业生涯规划的发展

在中国，随着市场经济的发展，个人的职业问题才开始逐渐成为每个人都要面临的问题。

在传统的计划经济条件下，个人依赖于单位而生存。单位制乃是一种无所不包的制度，它给个人提供全方位的保护的同时，在很大程度上也束缚了人们在选择职业时的自由。"服从分配"、"包分配"，成为当时的流行用语。当中国社会进入 21 世纪的时候，个人自主意识逐渐确立，无论是观念还是实践，关于职业问题的认识都发生了深刻的变化。然而，面对茫茫的职业海洋，应当如何应对呢？正是在这个时候，在国内现代化程度较高、市场化水平较高的地方，职业顾问行业应运而生了，人们开始认识到，人生需要引导，职业可以规划，甚至必须规划。自此，职业指导日渐受到重视。

劳动人事部于 1986 年组织出版了《就业指导》，成为职业指导开始大面积实施的标志性教材。有关职业指导的研究连续成为全国教育科研规划重点课题。1993 年，中国职业技术教育学会组建了职业指导专业委员会。1996 年开始实施的《中华人民共和国职业教育法》明确要求职业学校"进行职业指导"。1999 年，我国开始推行分四个等级的职业指导师职业资格证书制度。2001 年，职业指导纳入中等职业学校德育必修课。2002 年，《教育部关于加强职业技术学校职业指导工作的意见》正式颁布。随着高等院校的扩招，职业指导在高等院校也日益受到重视。十六届三中全会通过的《中共中央关于完善社会主义市场经济体制若干问题》，在"深化教育体制改革"中强调"增强国民的就业能力、创新能力、创业能力，努力把人口压力转变为人力资源优势"，对职业指导提出了更高要求。党的十七大报告明确指出要"积极做好高校毕业生就业工作"，要求各高等学校要结合本校实际，制定科学、系统和具有特色的教学大纲，组织开展本校的大学生职业发展与就业指导课程建设和教学活动，积极促进高校毕业生就业。

二、影响职业规划的因素

职业生涯与人的一生有着密切联系，是人安身立命之所在。在人的一生中，职业生涯是个人一生的主轴，是人生旅途中最关键、最辉煌的阶段。众所周知，人们一生的职业历程有着种种不同的可能，有的人从事这种职业，有的人从事那种职业，有的人一生变换过多种职业，有的人终生在一个岗位上，有的人事业有成，有的人则碌碌无为……这是为什么？这就意味着影响每一个人职业规划的因素是不同的，也是多方面的。有个人智力、身体、情感等主观方面的因素，也有职业、家庭、社会环境、机遇等客观方面的因素，它们相互关联、相互影响，好比房子周围支撑篱笆的椿柱，假如移动其中的一根，整道篱笆就会改变形状。对于某些人来说，他们所喜欢的职业或许正好需要一些他们并不具备的能力；对于某些人来说，他们所受的教育、所学的专业并非自己的兴趣爱好所在；对于某些人来说，他们的健康状况束缚了自己的职业选择……因此，在进行职业生涯规划时要仔细考虑影响自己职业生涯的每一个因素。

（一）自身因素

自身因素在人的职业生涯中起着基础性作用，决定着人的发展方向和前景。它包含智力、情感和身体等要素。清楚地了解自己，全面认识自己各方面的特质是大学生做好职业生涯规划的第一步。

1. 个人的智力因素

智力是指生物一般性的精神能力，包括理解、计划、解决问题、抽象思维、表达意念以及语言和学习的能力。一个人的智力因素对劳动者的知识结构、职业能力与职业价值观等方面均产生重要的影响，它是预示一个人才能，塑造人格，从而促进个人发展的活动。智力与受教育程度有着千丝万缕的联系，一般来说，接受过较高水平教育的人，智力发展更高，在就业以后会有较大的发展。在职业不如意时，再次进行职业选择的能力和竞争力也较强。另外，人们所接受教育的专业、学科门类对职业生涯也起着决定性作用，人们在选择职业、转换职业时往往与所学的专业有一定的联系，或以该专业的理论知识、技术能力为基础，流动到更高层次的职业岗位上。因此，教育程度直接决定了个人的智力情况，教育也就是我们在智力因素中要考虑的不可缺少的因素。凡是社会阶层较高的人都觉得，教育是改变社会地位的主要动力。

2. 个人的情感因素

美国的心理动力论者认为，职业选择是个人情感快乐原则与现实原则相结合的结果。个人在人格与冲动的引导下，通过升华作用，选择可以满足其需要与冲动的职业。社会上所有职业都能归入代表情感分析需要的、分属以下范围的职业群：养育的、操作的、感觉的、探究的、流动的、抑制的、显示的、有节奏的运动等。人们对自我情感的定义，往往也决定了自己的行为。而情感又与职业生涯有直接的关联，因此，职业生涯规划应注重个人情感的影响，尽量满足个人心理的需要，若心理问题获得解决，则包括职业选择在内的日常生活问题也就顺利解决了。

3. 个人的身体因素

身体是任何人职业生涯开始的首要条件，几乎所有的职业都需要有健康的身体。只有身体健康了，才能以积极的状态投入工作，否则，再有才能和才华也没有办法施展。凡是积极追求健康的人，大多满意他们的职业经历。他们看重生命，关心健康，执著追求。因此，大学生在校期间保持适度的锻炼，不断提高自己的身体素质是十分必要的。体质因素除了体格状况特征以外，还包括忍耐力、适应性等方面的内容。不同的体质条件直接限制着某些职业的选择或职业的流动方式。

(二) 职业因素

个人职业生涯是在一系列特定职业组织中度过的，各种职业带给个人的感受以及个人对职业具体内容的认识，往往影响着个人的职业行为和未来的职业发展道路。任何职业都有其多方面的特性，有外在的和内在的，直接的和间接的。有的职业需要大量的体力，有的职业需要运筹帷幄，有的职业整天对着十几寸的显示屏不发一言，有的职业每天与不同的人打交道，有的职业经济报酬好，有的职业社会地位较高，有的职业收入丰厚却缺乏长期保障，有的职业收入平平却安全稳定……因此，对职业特性的评价就体现了其个人的职业价值观。了解各种职业必备的条件及所需的知识，在不同工作岗位上所占有的优势、不足和补偿、机会、前途等，在职业生涯规划中也是必不可少的环节。

专家、学者们根据统计的数据，将占主导地位的职业价值倾向划分为以下三大类：以"经济报酬"为主要取向的"衣食型"，这是大多数人的价值取向，工作虽平凡，但有固定的收入；以"助人为快乐之本"和"创新、创造"为主的"社会贡献型"；以追求"成就感"和"满足感"为主的"自我实现型"，若不为人所用，就自求职业。只有在头脑中有清晰的方向，才会善于发现那些潜在的机会和选择。优化自己的职业资源是让个人根据自身的兴趣、特点，将自己定位在一个最能发挥自己长处的位置，从而可以轻松地实现自我价值。

1. 职业知识

知识对于我们来说是个再熟悉不过的东西，我们从小学到大学，所学习到的知识包罗万象，学习知识的程度也由浅入深，由易变难。

知识结构也会随着我们的学习历程有很大的变化，尤其是到了大学，有的同学会忽然发现，自己的知识面越来越局限于自己的专业课。到社会工作后才会发现，在实际操作过程中，自己平时在学校学习的书本知识，有很大一部分早已过时；在与人交往中，忽然发现大家谈论的事情自己什么都不知道，一句话都插不上，遭受冷落……其实，在我们跨出校园大门的那一刻，我们就应该明白，在人的一生中，尤其是在职业生涯中，拥有合理的知识结构不仅可以在人际交往中如鱼得水，更是我们职业取得成功的一个重要因素。

所谓合理的知识结构，就是既有精深的专业知识，又有广博的知识面，具有事业发展实际需要的最合理、最优化的知识体系。李政道博士虽然是物理方面的大家，可是他对知识的涉猎范围却非常广泛。李政道博士还主张人在年轻的时候扩宽自己的知识面，这样头脑才能比较灵活。其实，无论是名垂千古的历史人物，还是现实生活中能够获得成功的各界人士，甚至连小说里面的很多人物，我们从他们身上都可以发现一个共同点，就是他们的知识结构不是仅仅局限于自己的专业，甚至有些是通过对于其他知识的了解，建立或者改变了自己的专长，从而在另一个让人意想不到的领域取得成功。

一个人要想自己的职业发展有个良好的基础，首先要进行自我定位，并且制定职业目标战略。接下来就是用一定的时间与知识构成去构建它，但构建不是一步到位，而是逐步完善。若想追求卓越，就必须构建适当的知识结构作为支撑。

2. 职业技能

职业技能就是某一行业的从业人员所需要掌握或拥有的与该行业相关的专业知识、素质、技术和能力的统称。对于我们大学生来说，在校园学习的不仅是知识，从另一个角度来看，可以说是在校就读期间就学习了与某一行业相关的专业知识甚至是专业技术，譬如学医的学生，在校期间就学习了与医学相关的各门专业课，掌握了职业技能的一部分。尽管在毕业后会有少数大学生从事与自己所学专业毫无关系的行业，可是绝大部分学生还是会选择自己所学专业或与之相关的行业的工作。目前，在校大学生已经逐步学习了相关的专业知识，可是我国大部分职业都有"职业准入"制度，也就是说，很多行业要求其从业人员具有一定的职业技能，通过一定的职业资格考试就意味着拥有了从事该项职业的相关专业技能。比如说，从医的人需要通过全国执业医师资格考试，打算从事与法律相关工作的人就需要通过国家司法考试，从事会计行业就要求通过全国会计师资格考试。这样的"职业准入"制度就是我国的职业资格证书制度。

3. 职业兴趣因素

有人曾对美国的成功人士进行了一次调查，结果表明：他们之中94%以上的人都从事着自己喜爱的工作。换句话说，工作的基础条件就是喜好和兴趣。一个对于工作感到不满意的人，不管如何努力，都不会有优越的表现。兴趣对职业选择的重要影响可能是我们难以想象的。最初择业的时候，影响人们选择的常常是薪水高低等因素，但你慢慢会发现，如果长期干自己不喜欢的工作，会倍感厌倦。很多人都忽略了这样一个事实：工作本身也是生活的一部分，工作质量的高低决定了生活质量的高低，工作并不是毫无感情的，它对于人生的意义绝不仅仅在于衣食住行。实际上，它更是我们实现理想的途径，是使一个人快乐幸福的隐形伴侣。

职业兴趣总是以社会的职业需要为基础，并在一定的学习与教育过程中形成和发展起来，是可以培养的。如何培养职业兴趣呢？对于大学生来说，这是一个可以在在校期间就着手准备的事情。

职业兴趣是个体积极探究某种职业，并产生向往的情感。它影响职业的定位和选择，促进智力的开发。它使个人对某种职业给予优先的注意和潜能的挖掘，它是在家庭、学校和社会的影响下，通过接触、了解、认识，逐渐形成的。职业兴趣的培养，有耳濡目染、潜移默化，也有教育的整体导向，还需要通过实践，在积极的感知活动中取得认识和发展。培养大学生的职业兴趣，需注意以下几点：

（1）兴趣的广泛性。

具有广泛职业兴趣的个体，不仅对涉及自己职业领域的事物怀有浓厚的兴趣，对其他方面也有一定兴趣。这种人眼界较为开阔，解决问题时也可以从多方获益，在职业选择、工作变动上有很大的活动空间。比如，一个电视节目主持人，业余爱好是体育项目，当电视台开发新的栏目时，他就能够胜任体育频道主持人的工作，并很快在新的岗位上游刃有余、如鱼得水；反之，兴趣范围狭窄的个体，对新鲜事物的接受和适应性就要差些，职业选择面就较窄。

（2）兴趣的倾向性。

个体要兴趣广泛，但不能浮泛，要有一定的兴趣倾向。个体的才能在某种意义上是有限的，潜能却是可以深度挖掘的。尽最大努力挖掘自己的潜能，兴趣是首要的。因此，有意识地培养自己在某一方面的职业兴趣，有助于自身的发展与成长。

（3）兴趣的稳定性。

兴趣的稳定性即兴趣持续时间的长短，也叫持久性。兴趣稳定而持久，才能推动人去深入钻研问题，从而获得系统的科学知识，取得良好的工作成绩。有些人的兴趣缺乏稳定性，他们对任何事物都可能产生浓厚兴趣，甚至达到狂热和迷恋的程度，但这种兴趣又会很快地被另一种兴趣代替。这类人常常朝三暮四、见异思迁、缺乏稳定而持久的兴趣，也缺乏恒心。这种人不论在何种实践领域中，都不可能取得最有成效的成果。个体只有在某一方面有稳定持久的兴趣，才能有更多的精力深入钻研，才会更容易获得成功。

（4）兴趣的可行性。

兴趣的培养不能因为追求清高而不考虑其可行性。有些人的职业兴趣脱离客观条件，超越现实，往往曲高和寡，只能画地为牢，自缚身手；有些人结合自己所学的专业、社会的职业需求等，其职业兴趣建立在切实可行的基础之上为其发展提供客观现实条件，最后心想事成，获得成功。所以，个体培养职业兴趣除了要考虑自己的职业外，还要兼顾考虑兴趣的可行性。

（三）家庭因素

家庭是社会的细胞，是人进入的第一个集体，每个人都是在一定的家庭背景中成长起来的。家庭背景因素较多地影响着个人的职业设计。

任何年满18岁的成年人必定会受各种义务的束缚。如一位品行皆优而自动放弃免研资格的同学说："父母年事已高，体弱多病，我得先找一个工作以减轻他们的负担，等到条件成熟我会再考回学校来的。"另一位同学是某校中文系的毕业生，从跨入大学的那天起便立志成为一名记者，但最后在毕业生就业协议书上签下的不是某某报社，而是一家企业。在拿着协议书的一刻，他感慨万千，那是一种放弃曾经无限痴迷的梦想之后无奈的叹息："我没有冒险的资本，我不能那么自私，只为我自己潇洒而不考虑家人，一份高薪稳定的工作对我来说比较合适，至少在最近几年是应该如此。也许有一天，当我还有那份痴迷和激情时，而我又找到更好的起点时，我还会重新选择。"可见，一个人的职业生涯规划，受到各种因素的影响，尤其是家庭、家人。

我们将家庭分为民主型、专制型、溺爱型和忽视型，各种家庭对个人职业生涯规划产生的影响是不同的。

1. 民主型家庭

在民主型家庭中，家长平等地对待子女、尊重子女，家长与子女能相互交流各自的看法，对子女不成熟的行为进行限制，并坚持正确的观点，使平等尊重与适当限制相结合，有利于子女独立性、自信心与能动性的养成。一般的家庭经验和某些科学研究表明，生活在民主型家庭里的孩子，心情比较愉快，他们的行为既有规范又有自由，他们可以表述自己的意愿和感受。心情愉快是他们身心健康的一个重要表现，使他们既有自信又能与别人友好相处。而民主平等的家庭生活是养成愉快性情的源泉，良好的亲人关系是人际关系的基础。这种家庭条件下成长起来的孩子具有直爽、亲切、爱社交、能与人合作、讲友谊、爱探索等特点，习惯于作为一个集体成员来对待自己所处的环境，懂得自己可以享受的权利和担负的责任，为其日后适应工作机构等集体生活做好必要的准备。

2. 专制型家庭

专制型的养育把对孩子的教养看做是家长为孩子做的事情，而不是与孩子一起进行学习的过程。这种教育拉开了父母与子女之间的距离。父母和子女在认识、情感及行为协调一致性方面也是最低的。家长只愿看到子女顺从的一面，要求孩子绝对服从自己的意见、做法、命令，说一不二，否则就实行专制甚至体罚打骂。父母对孩子交朋友、学习、外出等等都进行严格的控制，对于孩子的前途呈现的是一种控制心态。这样的家庭中，子女感到自己在家中毫无地位、毫无温暖和不被理解，认为家长的要求是无理的，家长的榜样不值得效法，心中对家长的权威不服。在这种家庭环境下成长的孩子可能变成唯唯诺诺、无主动性、情绪不安甚至神经质，或形成当面一套、背后一套，攻击性强，人际交往比较差的性格。在职业选择中限制了其选择的空间和主动性。

3. 溺爱型家庭

溺爱是在人类生物本性的基础上，既受制于儒家"亲情本位"思想传统文化观念，又受制于现实生活的压力和应试教育影响的产物。溺爱型家庭教育对孩子纵容放任、包办代替，强化了子女的自我中心化倾向，妨害自主精神的培养和独立生活技能的发展，使孩子形成不良心理和行为习惯，社交冲突频繁，耐挫能力较差。在子女就业过程中，家长还是以溺爱的方式包办，或者子女形成依赖心理，在就业受挫的情况下容易怨天尤人，而不是从自身角度思考问题，导致社会适应能力低下。

4. 忽视型家庭

调查显示，大部分家长关注并常和孩子交流的问题仅仅是孩子与同学之间、老师之间的关系，学习和为人处世的问题，而忽略了孩子心理、青春期等方面的问题。忽视型家庭中的父母更多地沉浸在自己的需要中，既不关心孩子，也不对孩子提要求，对孩子漠然、拒绝，亲子之间缺乏交往和沟通。父母往往认为"树大自然直"，对孩子漠不关心，放任自流，使孩子养成冷酷、具攻击性、情绪易波动不安等性格。但这些孩子有个特点：创造力和社会性发展较好。如果在职业规划过程中加以正确的引导，孩子是可以有所作为的；反之，倘若一直忽视，这种家庭环境成长的孩子则可能由职业选择转而报复社会，走上不归之路。

[案例] 清华大学四年级学生刘海洋数次将火碱、硫酸倒向北京动物园饲养的狗熊的身上和嘴里，致使5只国家珍稀保护动物——狗熊——遭到不同程度的严重伤害。作为一名名牌大学的"高材生"，又受过良好的高等教育，他的行为能用"好奇"来简单解释吗？其实，在刘海洋仅两个月大时，其父母就离异了，刘海洋由母亲抚养成人。在这个单亲家庭中，母亲过于注重儿子的学业，盼望儿子早日成才，而忽视了儿子的心理需求。长期不平衡的心理需求形成了刘海洋的不健康心理，刘海洋对狗熊的伤害行为，恰恰表明他缺乏同情心，冷酷，没有社会责任感，缺乏应有的公德和法律意识。

[案例] 有个书店女老板的儿子，12岁，读小学五年级，她说她已被儿子折磨得不行。儿子常常旷课、不完成作业、成绩差，违反纪律，偷钱，辍学，而且冷漠无情，不仅打人很残忍，曾伙同一人把一同学抓到山上剥光其衣服后往死里打；而且还说如果母亲不给他钱就要杀了她。

女老板说看儿子那冷漠的样子恐怕有一天真的会发生那种事，着急地向咨询师询问应该怎么办。咨询师问她孩子的成长经历才知道，这个儿子是超生的，当时计划生育抓得正严，所以女老板把他寄养在一农村老婆婆家里，每月给500元生活费、500元照管费。当时那个老婆婆自己同时有两个孙子要带，而且年事已高，所以就放着他不管。直到5岁，她才把儿子接回来。回来时他不会用便盆，大小便全拉裤子里，不会吃饭，只会喝流质的，连勺子都不懂得拿。咨询师得出结论："孩子是严重缺乏爱造成的。"

家庭是孩子成长的摇篮，家庭教育对子女教育起着非常重要的作用，只有良好的家教和学校教育相结合，才能培养出优秀的孩子。家长的价值取向、理想追求和人生态度通过日常的言行举止，对孩子人生观、世界观的形成和发展，产生着潜移默化的影响。家庭教育的功效，是学校教育和社会教育无法替代的。教育家马卡连柯告诉我们："生育教养子女，不仅是为了父母的愉快，在家庭里，在家长的影响下，成长为未来的公民，未来的事业家，未来的战士。"

（四）社会因素

社会因素主要是指社会的政治、经济体制、人才市场的管理体制、社会文化习俗、职业的社会评价等等。它决定了社会职业岗位的数量、结构、层次，人们对不同职业岗位的接受、赞誉或贬低的程度，个人步入职业生涯的基本方式以及开始职业生涯后的基本态度及由此引起的个人职业生涯的变化等等。比如，在计划经济和市场经济体制下，国家对高校毕业生就业的管理方式是截然不同的。在计划经济体制下，国家对大学生进行统招统配，毕业生和用人单位均无自主权可言；在市场经济体制下，随着高校教育体制改革的不断深入，我国高校普遍建立了在国家方针政策和宏观调控下，学校和各级政府推荐，学生和用人单位双向选择的毕业生就业工作模式。用人单位和大学毕业生都有了选择的自主权。

社会因素对每个人的职业生涯乃至发展都有重大的影响。大学生应该通过对社会大环境进行分析，尽量了解所在国家或地区的经济、法制建设发展方向，寻求各种发展机会，进一步考虑职业生涯规划的影响因素。

1. 社会阶层

人类社会存在着严格的层次划分，它像金字塔一样层次分明。每个社会都存在不平等，差别在于划分的原则不同，有的是基于宗教信仰，有的是基于经济状况，有的则是基于教育状况。并且，社会上所存在的不平等现象都会影响个人的职业生涯。

社会阶层是相对比较封闭的一种形态，因为人往往只喜欢和自己所属阶层的人聚合。虽然社会阶层深深地影响个人的职业生涯，但是阶层界限并非牢不可破。它不但有变动的可能，而且是被人接受的。事实上，很多人为了提升自己的社会地位，有时候需离开原来的阶层，加入工作及生命旅程中的新阶层。

2. 经济发展水平

在经济发展水平高的地区，企业相对集中，优秀企业也就比较多，个人职业选择的机会就比较多，因而有利于个人职业的发展；反之，在经济落后的地区，个人职业选择的机会就比较少，个人职业生涯也会受到限制。

3. 社会文化环境

社会文化是影响人们行为、欲望的基本因素。它主要包括教育水平、教育条件和社会文化设施等。在良好的社会文化环境中，个人能力受到良好的教育和熏陶，从而为职业生涯打下了更好的基础。

4. 价值观念

一个人生活在社会环境中，必然会受到社会价值观念的影响，大多数人的价值取向，在很大程度上都是为社会主体价值取向所左右的。一个人的思想发展、成熟的过程，其实就是认可、接受社会主体价值观念的过程。社会价值观念正是通过影响个人价值观念而影响个人的职业选择。

5. 政治制度和氛围

政治和经济是相互影响的，政治不仅影响到一国的经济体制，而且影响着企业的组织体制，从而直接影响到个人的职业发展。政治制度和氛围还会潜移默化地影响个人的追求，从而对职业生涯产生影响。

6. 行业环境

行业环境直接影响着企业的发展状况，进而也影响到个人的职业生涯发展。对行业发展现状进行分析，首先，应了解自己现在从事的是什么行业，这个行业目前的发展趋势，是一个逐渐萎缩的行业还是一个朝阳产业。其次，国内外重大事件对该行业的影响。行业的发展容易受到国内外重大事件的影响，进而影响到该行业能否提供较多的职业机会，比如2008年北京奥运会的举办给建筑业、旅游业和服务业提供了较大的发展空间和较多的发展机会。最后，行业发展前景预测。发展前景预测可以从两个方面进行：一方面是行业自身的生命力，是否有技术、资金支持等；另一方面也要考虑和研究国家对相关行业的政策。

分析和了解影响职业的社会环境因素，有助于我们个人制定正确的职业生涯规划，使个人在变化的社会环境中不断取得职业生涯的新突破。

三、职业生涯规划的要素、原则、内容和步骤

（一）职业生涯规划的要素

打造自己理想的职业生涯，规划自己理想的职业前景，许多人为之苦苦追求一生。有人身在桃林，肩落桃花，好运连连；有人却

身陷误区，雾里看花，一片茫然。看来，要想找到属于自己的理想职业方向，需要同时具备几个相关的必备要素。

1. 心理——理想职业之基础

性格决定命运，脑袋决定口袋，这一点你了解过吗？在选择职业时你仔细想过没有，你的性格是否适合现在所从事的职业。时下有一种调侃：本科生扫地、硕士生卖货、博士生打杂。初听感觉笑口难掩，可是细细想来不免有种淡淡的悲哀。诚然，上述群体学历颇高，令人羡慕，但是最后的结局却让人大跌眼镜，发人深省。一个不容忽视的问题令人深思，他们究竟怎么了？人才是否浪费了？读书是否无用了？

有些人性格内向整天郁郁寡欢，使人望而生畏，无形之中与人产生距离。长此以往人际关系淡化，缺乏必要的适时沟通，久而久之脱离了群体。在今天这个强调团队精神的职场里，他们能不"掉队"吗？人要学会合作，要学会融入群体，因为只有这样，才能集思广益取得胜利。否则，孤芳自赏只会孤掌难鸣，到头来一无所获，两手空空，永远不能适应变化的时代需求，适应变化的职场需求。

2. 信息——理想职业之过程

信息时代的到来，就在眼前，这一点你清楚吗？我们每个人都生活在一个信息社会里，感受于信息带给我们的便捷。无论你承认与否，信息无时无刻不在影响着我们每个人生活的方方面面。这一点从某种意义上讲，对选择理想职业显得至关重要。有针对性地广泛收集来源于不同渠道的职业信息，通过理性分析及时作出科学决策，从而获得理想职业，打造属于自己的一片天空。有人把握契机先行一步，而胜人一筹；而有人错失良机与机遇擦肩而过，抱憾终身。

3. 判断——理想职业之关键

就像赛场上一个优秀的足球运动员一样，他在门前的一射对于比赛取得胜利至关重要。同样有针对性地收集特定的相关职场信息，经过理性的、科学的分析后，如何因地制宜、把握时机，占据主动及时出击，适时作出抉择，而不至于错失良机追悔莫及，对于我们择业也非常重要。判断来自于对各种信息要素作出适时分析，有的放矢、对症下药，将有利于对自己的信息要素加以提炼，得出最后结论，直至取得一个令人满意的结果。

4. 潜力——理想职业之延续

就像一个教练选择运动员一样，他首先需要了解该运动员是否符合该项目的标准，是否有潜力可挖，是否是可造之材，在作了相关综合测评后，才决定是否培养他。选择理想职业，同样也需要具备潜力因素。因为人是最大的资源，如何有效地利用和开发人的潜力，最大限度地发挥人的效应，使人在一定意义上保持长久的职业竞争力，让自己永远走在职场的前列，领先于他人。这就需要我们无时无刻都要充分挖掘自身的潜力，并使之成为我们取得职业成功的法宝。

5. 学习——理想职业之法宝

一个人的学历在很大程度上决定着其个人的未来发展方向，也决定着其本人适应本职工作的程度，在其本职岗位上作出成绩，取得成就，开创自己的美好前程，走好自己的美丽人生。学习在今天看来是一个终身的话题，面对日益加剧的职场竞争趋势，只有不断学习，有针对性地充电，不断补充新的"血液"，才能满足不断变化的职场需求，避免遭遇淘汰的厄运，驰骋于风云变幻的职场。

在确定了职业生涯目标后，行动便成了关键的环节。没有达成目标的行动，目标就难以实现，也就谈不上事业的成功。永远不变的是变化，影响职业生涯规划的因素诸多。有的变化因素是可以预测的，而有的变化因素难以预测，就需不断地对职业生涯规划进行评估与修订。所以，我们要把学习作为一种终身的责任，每一阶段都有不同的学习重点，而学习更是职业整体发展的一部分，是实现职业发展目标终身的伴侣。

（二）职业生涯规划的原则

毫无疑问，时间的流逝是单向运动的，无法追回，人生之旅只发单程车票。任何人都会希望自己在有生之年把握机遇，运筹帷幄，走向辉煌。所以在制定个人职业生涯规划时，既要有挑战性，又要避免好高骛远，注意适时调整，更重要的是掌握制定个人职业生涯规划的重要原则。下面六条原则，可供大家参考：

（1）**可行性（务实）原则**。规划要有事实依据，并非是美好幻想或不着边的梦想，否则将会延误良机。应注意规划是否从实际出发考虑到了个人、社会和企业环境的特点与需要？与企业需求是否协调？各阶段的路线划分与措施是否具体可行？

（2）**长期性原则**。规划一定要从长远考虑，着眼于大方向。

（3）**清晰性原则**。规划是预测未来的行动，确定将来的目标，因此各项主要活动何时实施、何时完成，都应有时间和时序上的清晰、妥善安排，以作为检查行动的依据。要考虑达到各种目标的行动安排，先后次序是否作了明确的时间限制或标准？时间表是否足以作为日后行动检查的依据？应该考虑目标、措施是否清晰、明确？实现目标的步骤是否直截了当？安排是否具体？

（4）**适应性原则**。规划未来的职业生涯目标，牵涉到多种可变因素，因此规划应有弹性，以增加其适应性。应考虑目标或措施是否具有弹性或缓冲性？是否能随环境的变化而作调整？

（5）**一致性原则**。人生的各个发展阶段应该是持续、连贯、衔接发展的。因此，应该考虑人生发展的整个过程。注意主要目标与分目标是否统一？具体规划与人生总规划是否一致？个人目标与组织目标是否一致？

（6）**激励性原则**。为避免陷于平庸，应该注意考虑制定目标或措施是否具有激励作用。目标选择能否对自己起到内在的激励作用？目标是否符合自己的性格、兴趣和特长？如果计划完成，能否产生成就感?

（三）内容和步骤

大学生职业生涯规划一般经过树立生涯志向、进行自我剖析与定位、职业环境分析、确定职业生涯目标、制定并实施职业生涯策略，对职业生涯设计进行评估、反馈与修正等几个步骤。

1. 生涯志向的树立

志向是事业成功的基本前提，没有志向，事业的成功也就无从谈起。俗话说，"志不立，天下无可成之事"。纵观古今中外，各行各业的佼佼者，都有一个共同的特点，就是有远大志向。立志是人生的起跑点，反映了个人的理想、胸怀、情趣和价值观，影响着一个人的奋斗目标及成就。所以，大学生在制定生涯规划时，首先要确立志向，这是制定职业生涯规划的关键，也是职业生涯中最重要的一点。

2. 自我剖析与定位

自我剖析与定位是个人职业生涯规划的基础，也是能否获得可行的规划方案的前提。一个人只有通过自我识别和测评定位，正确、深刻地认识和了解自己，才能对未来的职业生涯作出最佳抉择。如果忽略了自我识别和定位，所做的职业生涯规划很容易中途夭折。

自我剖析与定位的主要内容是与个人相关的所有因素，包括兴趣、气质、性格、能力、特长、学识水平、思维方式、价值观、情商以及潜能等。通过自我识别，能清楚知道自己的优势与特长、劣势与不足。自我剖析要客观、冷静，不能以点代面，既要看到自己的优点，又要面对自己的缺点。只有这样，才能避免设计中的盲目性，达到设计高度适宜。简言之，要弄清我是谁? 我想做什么? 我能做什么? 在自我识别的基础上，科学、准确地定位自己，避免一厢情愿。当然，一个人对自己的认识往往是片面的，所以在自我识别和定位中还应善于听取他人的意见。

3. 职业环境分析

人是社会的人，任何一个人都不可能离群索居，都必须生活在一定的环境之中，特别是要生活在一个特定的组织环境之中。环境为每个人提供了活动的空间、发展的条件、成功的机遇。特别是近年来，社会的快速变迁，科技的高速发展，市场的竞争加剧，对个人的发展产生了很大的影响。大学生如果能很好地利用外部环境，就有助于事业的成功。职业环境分析包括对社会政治环境、经济环境和组织（企业）环境的分析，即要评估和分析职业环境条件的特点；发展与需求变化的趋势；自己与职业环境的关系以及职业环境对自己的有利条件和不利因素等等，以便不断地调整自己适应职业环境的变化和要求。要弄清自己在这种职业环境条件之下，究竟能干成什么。只有这样，你的职业生涯规划才会切实可行，而不致流于空泛。

4. 职业生涯目标的确定

"明确方向是成功的一半。"说到底，我们制定个人职业生涯规划，就是为了实现某种职业生涯目标，进而获得自己理想的生活，所以目标抉择也是职业生涯规划的重点。一般我们可以先根据个人素质与社会大环境，确立人生目标和长期目标，然后通过目标分解，分化成符合现实需要的中期、短期目标。明确自己想成为一个什么样的人，在行政上达到某一级别，担任某一职务；在专业技术上达到某一职称，成为某一领域专家。明确、正确的职业生涯目标是大学生职业生涯发展的关键，有了目标才有追求的方向与动力。

5. 制定、实施策略与措施

所谓制定和实施职业生涯策略与措施，是指为实现职业生涯目标而制订的行动计划。在我们确定职业生涯目标后，就要制订相应的行动方案来实现它们，这就如同设计我们攀登目标的阶梯。实施策略措施要具体可行，容易评量，应包括职业生涯发展路线、教育培训安排、时间计划等方面的措施。

　　当大学生确定职业生涯目标后，要明确发展路线，不管是向行政管理路线发展，还是向专业技术路线发展，或是先走技术路线，再转向行政管理路线。由于发展路线不同，对职业发展的要求也不相同。所以，在职业生涯规划中必须作出选择，以便使自己的学习、工作沿着预定的方向前进。通常职业生涯路线的选择须考虑以下三个问题：我想往哪一条路线发展？这是通过对自己的职业价值、职业理想、职业动机等的分析，确定自己的职业目标取向。我能往哪一条路线发展？这是通过对自己的性格、特长、经历、学历的分析，确定自己的职业能力取向。我可以往哪一条路线发展？这是通过对自己身处的社会环境、经济环境、政治环境、组织环境的分析，确定自己的机会取向。对于以上三个问题，要进行综合分析，制定相应措施并以实际行动予以落实，制定相应的行动计划来实现它们，把目标转化成具体的方案和措施，分阶段进行。

　　6. 评估、反馈调整

　　职业生涯评估是指在实现职业目标的过程中有意识地收集相关信息和评价，不断地总结经验和教训，自觉地修正对自我的认知，适时地调整职业目标。由于社会环境的变化以及其他不确定因素的存在，我们原来的职业生涯规划与实际情况肯定会存在一定的偏差，"计划赶不上变化"。尤其在现代职业领域，只有变化才是永恒的主题。影响职业生涯设计的因素很多，有些变化因素是可以预测的，而有些则是难以预料的，这就需要对职业生涯目标和生涯规划进行必要的调整。评估与反馈过程是个人对自己不断认识的过程，也是对社会不断认识的过程，是使职业生涯更加完满的手段。因此，职业生涯的评估和反馈会给我们带来收获，只有这样才能在激烈的择业竞争中，赢得成功，走向辉煌。

　　总之，大学生职业生涯规划不仅是一个复杂的程序，还需要科学的方法，并持之以恒。只有这样，才不至于白白浪费时间，才不至于毫无准备，才不至于在茫茫人海中迷失自己的人生目标。

思考题：

1. 请思考你的职业兴趣是什么？在大学阶段，你打算如何培养自己的职业兴趣？
2. 请分析自己的家庭类型，并分析它对你在职业规划方面有何影响。

测试题：

想知道你的职业兴趣吗？

有的人对天文、地理、古今中外的历史无所不晓，对各行各业都怀有兴趣；有的人除了与自己工作、学习有关的活动外，对其他事物视而不见，听而不闻。你如果具有广泛的兴趣，眼界就会比较开阔，解决问题时可以从多方面受到启发，并有助于确定与你能力倾向相一致的职业生涯方向，在职业生涯选择上有较大的空间；你如果只在已习惯的、狭小的活动范围内探寻新的活动方式，是不容易取得成功的，在职业生涯选择面前会显得束手无策。

广泛的兴趣必须在正确的指导下，确立中心兴趣，才能使你获得丰富的知识，使活动具有创造性。你只有广泛而无中心的职业兴趣，往往知识肤浅；没有确定的职业生涯方向，在选择职业生涯时就会犹豫不定、左右徘徊，不利于自己的发展和成才。

有的人兴趣一经形成就稳定不变，尽管以后兴趣面不断拓宽，但始终保持着原来的职业兴趣；有的人则职业兴趣多变，缺乏稳定性和持久性，对某一职业很容易产生兴趣，但很快又被另一种职业兴趣代替。在选择职业生涯时，这种朝三暮四的态度很难适应职业生涯要求。只有稳定的职业兴趣才能推动你深入理解问题，从而获得系统和深刻的知识。

请你仔细阅读下面的问题，对于每项活动，如果你的回答是肯定的话，则在"是"一栏中打"√"；如果你的回答是否定的话，则在"否"一栏中打"√"。最后把"是"一栏的回答次数相加，填入"总计次数"一栏中。

一、测试内容

第一组：

1. 你喜欢自己动手修理收音机、自行车、缝纫机、钟表、电线开关一类器具吗？是　否

2. 你对自己家里使用的电扇、电熨斗、缝纫机等器具的质量和性能了解吗？是　否

3. 你喜欢动手做小型的模型（诸如滑翔机、汽车、轮船、建筑模型）吗？是　否

4. 你喜欢与数字、图表打交道（诸如记账、制表、制图）一类的工作吗？是　否

5. 你喜欢制作工艺品、装饰品和衣服吗？是　否

总计次数：

第二组：

1. 你喜欢给别人买东西当顾问吗？是　否

2. 你热衷于参加集体活动吗？是　否

3. 你喜欢接触不同类型的人吗？是　否

4. 你喜欢拜访别人、爱与人讨论各种问题吗？是　否

5. 你喜欢在会议上积极发言吗？是　否

总计次数：

第三组：

1. 你喜欢没有干扰地、有规则地从事日常工作吗？是　否

2. 你喜欢对任何事情都预先作周密的安排吗？是　否

3. 你善于查阅字典、辞典和资料索引吗？是　否

4. 你喜欢按固定的程序有条不紊地工作吗？ 是　否

5. 你喜欢做把事物分类和归档的工作吗？ 是　否

总计次数：

第四组：

1. 你喜欢倾听别人的难处并乐于帮助别人解决困难吗？ 是　否

2. 你愿意为残疾人服务吗？ 是　否

3. 在日常生活中，你愿意给人们提供帮助吗？ 是　否

4. 你喜欢向别人传授知识和经验吗？ 是　否

5. 你喜欢做防治和照顾病人的工作吗？ 是　否

总计次数：

第五组：

1. 你喜欢主持班级集体活动吗？ 是　否

2. 你喜欢接近领导和老师吗？ 是　否

3. 你喜欢在人多时当众发表自己的观点和意见吗？ 是　否

4. 如果老师不在时，你能主动维持班里学习和生活的正常秩序吗？ 是　否

5. 你具有强烈的责任感和工作魄力吗？ 是　否

总计次数：

第六组：

1. 你特别爱读文学著作中对人内心世界的细致描写吗？ 是　否

2. 你喜欢听人们谈论他们的活动和想法吗？ 是　否

3. 你喜欢观察和研究人的心理和行为吗？ 是　否

4. 你喜欢阅读有关领导人物、政治家、科学家等的名人传记吗？ 是　否

5. 你很想了解世界各国的政治和经济制度吗？ 是　否

总计次数：

第七组：

1. 你喜欢参观技术展览会或收听（收看）技术新消息的节目

吗？是　否

2. 你喜欢阅读科技杂志（诸如《我们爱科学》、《科学 24 小时》、《科学动态》）吗？是　否

3. 你想了解生机勃勃的大自然的奥秘吗？是　否

4. 你想了解使用科学精密仪器和电子仪器的工作吗？是　否

5. 你喜欢复杂的绘图和设计工作吗？是　否

总计次数：

第八组：

1. 你想设计一种新的发型或服装吗？是　否

2. 你喜欢创作画吗？是　否

3. 你尝试着写小说或编剧吗？是　否

4. 你很想参加学校宣传队或演出小组吗？是　否

5. 你爱用新方法、新途径来解决问题吗？是　否

总计次数：

第九组：

1. 你喜欢操作机器吗？是　否

2. 你很羡慕机械类工程师的工作吗？是　否

3. 你想了解机器的构造和工作性能吗？是　否

4. 你喜欢交通驾驶一类的工作吗？是　否

5. 你喜欢参观和研究新的机器设备吗？是　否

总计次数：

第十组：

1. 你喜欢从事具体的工作吗？是　否

2. 你喜欢做很快就看到产品的工作吗？是　否

3. 你喜欢做让别人看到效果的工作吗？是　否

4. 你喜欢做那种时间短，但可以做得很好的工作吗？是　否

5. 你喜欢做有形的事情（诸如编织、烧饭），而不喜欢抽象的活动吗？是　否

总计次数：

二、统计方法

根据对每组问题回答"是"的总次数，填下表。

组别回答"是"的总次数相应的兴趣类型序号

第一组　兴趣类型1

第二组　兴趣类型2

第三组　兴趣类型3

第四组　兴趣类型4

第五组　兴趣类型5

第六组　兴趣类型6

第七组　兴趣类型7

第八组　兴趣类型8

第九组　兴趣类型9

第十组　兴趣类型10

通过上组训练，找出你的兴趣类型，在答"是"的总次数一栏中，得分越高，相应的兴趣类型就越符合你的职业兴趣特点；得分越低，相应的兴趣类型越不符合你的职业兴趣的特点。然后对照各种兴趣类型所对应的职业，给你的职业生涯定位。

三、兴趣类型与相对应的职业

兴趣类型1——愿与事物打交道。

这类人喜欢同事物打交道（比如：工具、器具或数字），而不喜欢从事与人和动物打交道的职业。相应的职业有：制图员、修理工、裁缝、木匠、建筑工、出纳员、记账员、会计等。

兴趣类型2——愿与人接触。

这类人喜欢与他人接触的工作，他们喜欢销售、采访、传递信息一类的活动。相应的职业有：记者、营业员、服务员、推销员等。

兴趣类型3——愿干有规律的工作。

这类人喜欢常规的、有规律的活动，在预先安排的条件下做细致工作。相应的职业有：邮件分拣员、图书馆管理员、办公室职员、档案管理员、打字员、统计员等。

兴趣类型4——愿从事社会福利和助人的工作。

这类人乐意帮助别人，试图改善他人的状况，喜欢独自与人接触。相应的职业有：医生、律师、护士、咨询人员等。

兴趣类型5——愿做领导和组织工作。

这类人喜欢管理工作，爱好掌握一些事情，他们在企事业单位中起着重要的作用。相应的职业有：辅导员、行政人员、管理人员等。

兴趣类型6——愿研究人的行为。

这类人喜欢谈论涉及人的主题，他们爱研究人的行为举止和心理动态。相应的专业有：心理学、政治学、人类学等。

兴趣类型7——愿从事科学技术事业。

这类人喜欢分析的、推理的、测试的活动，长于理论分析，喜欢独立解决问题，也喜欢通过实验获得新发现。相应的专业有：生物、化学、工程学、物理学等。

兴趣类型8——愿从事抽象性和创造性的工作。

这类人喜爱需要有想象力和创造力的工作，爱创造新的式样和概念。相应的职业有：演员、创作人员、设计人员、画家等。

兴趣类型9——愿做操纵机器的技术工作。

这些人喜欢运用一定的技术，操纵各种机械，制造产品或完成其他任务。相应的职业有：机床工、驾驶员、飞行员等。

兴趣类型10——愿从事具体的工作。

这类人喜欢制作看得见、摸得着的产品，希望很快看到自己的劳动成果，他们从完成的产品中得到自我满足。相应的职业有：厨师、园林工、理发师、美容师、室内装饰工、农民、工人等。

至此，你对于如何给自己进行职业生涯定位该有个大致的了解了吧。一个理想的职业生涯是最符合你的个性、最能发挥你的潜力、最使你感兴趣的职业生涯，当然这几点并不总是一致的。那么，就应该尽量去寻找它们的切合点，在充分考虑这几种因素的前提下，找到你的最佳职业生涯定位。

你现在是不是已经确定了自己的职业生涯？

四、巩固和培养你的兴趣

（1）就业前拓宽职业认识面。在就业前，你认识的职业种类越多，对职业的性质了解得越细致，你的职业兴趣就会越广泛。职业兴趣越广泛，你的择业动机就越强，择业余地也会相对宽广。

（2）必要的社会责任心。当就业环境和自身素质决定你必须干自己不喜欢的工作时，你应该拿出必要的对社会负责的态度来，培养自己的职业兴趣，即所谓干一行，爱一行。事实上，在就业时，多数人并不总是能够挑选到自己的理想职业。当你还不能选择自己满意的职业时，就必须尽快调整职业期望值，适应就业环境，在不理想的职位上，培养职业兴趣，干出一番理想的事业来。"把没有意思的工作很有意思地去完成。"美国钢铁大王戴尔·卡耐基这样告诫人们。

（3）先就业，后择业。多数人的就业实践表明，走上职位的方法有多种多样，有被别人安排的，有自己找到的，有撞上的，有被迫从事的。除去自己找到的职业外，其他几种就业方法都是被动的。被动得到的职业，你也会对它产生兴趣，其方法是先就业，后择业。不少职业，你刚开始从事它的时候，可能对其毫无兴趣。但是随着你从业时间的延长和职业技能的提高，加之对职业生涯意义的全面了解，特别是当你能够在这些职位上取得一定成绩的时候，你的职业兴趣就会大大增加。只要你专心地、深入地去从事某种职业，你会发现它有一种使你倾心的魅力。

（4）量体裁衣。我以为择业时要根据个人的才干和兴趣，做事要有快乐，所以我们要根据个人的兴趣来择业。但是我们是要成功，我们必要有那样的才干。"才干，一般是指你最拿手、最擅长的某些知识或技能。在通常情况下，才干与兴趣有着互相推动的效应，即兴趣产生才干，才干助长兴趣；同时才干也能产生兴趣，兴趣又会强化才干。

但是，在你初次择业时，应以自己所拥有的才干，即擅长的知识和技能去选择职业。因为根据自己的才干适应职业的状况择业，往往更趋向于职得其人、人适其职的最佳状态。在这种最佳状态下，你的工作才能愈做愈有兴趣，愈做愈长才干，最后可能使你成为某一职业生涯领域内的人才。

第二节　转变角色，形成职业期望

在人的一生中，我们总是扮演着各种不同的角色。在人生发展的不同阶段，我们总是力求把主要的角色扮演好，这样才能为后面的发展铺平道路。大学是迈入社会的前沿，初入大学校门的学生，卸下了高考的重负，第一次开始自由地追逐自己的理想；离开父母，第一次独立参加集体与社会的生活。这些对于刚刚告别中学时代的同学们来说，具有一股巨大的吸引力，因为它意味着一种全新的生活的开始，是人生的关键阶段。在大学里，一方面，要系统接受专业知识，建立知识的储备；另一方面，要学会适应社会生活，是一个不断充实自我的成长历程。因此，对于当代大学生来说，大学阶段是人生发展的关键时期，它直接关系到个人未来发展的职业走向与人生历程。通过大学阶段的学习和适应，将会为我们未来步入社会，形成合理的职业期望奠定坚实的基础。

一、认识自我，转变角色

人生中最难之事，莫过于认识自己。只有认识了自己，才能走好人生的每一步。一个人不了解自己，就无法知道自己缺少什么，需要什么。自我认识就是个体对自己的洞察与理解。它是个体对自己的心理活动和行为进行调节与控制的前提，是自我完善、自我实现的基础。尤其当我们面临人生中的一些重要"关口"时，认清自己、找准自己的位置，是我们走向成功的关键。比如择业，当我们面临选择将来从事何种职业的时候，就必须考虑到自己的职业意愿（将来希望从事什么职业）、个人的兴趣爱好和专长等。只有充分考虑到这些重要因素，才能使我们走上成功的职业生涯。

（一）认识自我的重要因素

管理大师彼得·德鲁克提出的问题："我真正想做什么？我为什么要去做？我现在正在做些什么？我为什么这样做？"这一连串问题也正是面临职业选择的关键。唯有彻底了解个人的性格、气质、兴趣、能力、价值观等方面，才能理清生涯选择的迷思，展开职业生涯的第一项选择。

1. 认知性格

性格是个人对现实的稳定态度和与之相适应的习惯化了的行为方式中表现出来的个性心理特征。从广义讲，性格是人的自然追求和精神欲求的追求体系，是行为方式、心理方式、情感方式的总和，集中反映了一个人的心理状况。在求职中，性格是构成相识和吸引的重要因素，与职业选择的关系极为密切，既彼此制约，又相互促进。心理学专家认为，根据性格选择职业，能使自己的行为方式与职业工作相吻合，更好地发挥自己的聪明才智和一技之长，从而得心应手地驾驭本职工作。

一般来说，主要有以下几种性格特质：

（1）**传统型**：这种个性类型的人在事务性的职业中最为常见。这一类人容易组织起来，喜欢和数据型及数字型的事实打交道，喜欢明确的目标，不能接受模棱两可的状态。这些人可以用这一类的词语来表述他们：服从的、有秩序的、有效率的、实际的。如果用不太客气的话说，就是缺乏想象力，能自我控制，无灵活性。

（2）**艺术型**：这种类型与传统型形成最强烈的反差。他们喜欢选择音乐、艺术、文学、戏剧等方面的职业。他们认为自己富有想象力、直觉强、易冲动、好内省、有主见。这一类型的人语言方面的资质强于数学方面。如果用消极一些的语言描述，这类人是感情极丰富的、无组织纪律的。

（3）**现实主义型**：这种类型的人真诚坦率，较稳定，讲求实利，害羞，缺乏洞察力，容易服从。他们一般具有机械方面的能力，乐于从事半技术性的或手工性的职业。这类职业的特点是有连续性的任务需要却很少有社会性的需求，如谈判和说服他人等。

（4）**社会型**：社会型的人与现实主义型的人几乎是相反的两类。这类型的人喜欢为他人提供信息，帮助他人，喜欢在秩序井然、制度化的工作环境中发展人际关系和工作。这些人除了爱社交之外，还有机智老练、友好、易了解、乐于助人等特点。其个性中较消极的一面是独断专行，爱操纵别人。

（5）**创新型（企业家型）**：这种类型的人与社会型的人相似之处在于他（她）也喜欢与人合作，其主要的区别是创新型的人喜欢领导和控制他人（而不是去帮助他人），其目的是为了达到特定的组织目标。这种类型的人自信、有雄心、精力充沛、健谈，其个性特点中较消极的一面是专横、权力欲过强、易于冲动。

（6）**调查研究型**：这种类型与创新型几乎相反。这一类型的人为了知识的开发与理解而乐于从事现象的观察与分析工作。这些人思维复杂，有创见，有主见，但无纪律性，不切实际，易于冲动。生物学家、社会学家、数学家多属于这种类型。在商业性组织中，这类人经常担任的是研究与开发职务及咨询参谋之职。这些职务需要的是复杂的分析，而不必去说服取信于他人。

当然，一个人往往不是单一地表现某种类型，常常是两三种类型的组合，但不管怎样，总要往积极的性格方向发展，要让自己选择工作，而不是工作选择自己。

2. 认知气质

气质是指人们心理活动的速度、强度、稳定性和灵活性等方面的心理特征，是神经类型特征在人的行为上的表现。所以，认清自己的气质对择业至关重要，是选择职业时的重要因素。一般来说，气质分为胆汁质、多血质、黏液质和抑郁质四种类型。每一种气质都有它的积极方面和消极方面。气质对个体的职业和效率有一定的影响。不同气质的人适合从事不同类型的职业，这会有助于职业选择的成功。

胆汁质的人精力旺盛，热情直率，激动暴躁，情绪体验强烈，神经活动具有很强的兴奋性，反应速度快却不灵活。他们能以极大的热情去工作，克服工作中的困难，但若对工作失去信心，情绪即会低沉下来。此类人适宜竞争激烈、冒险性、风险意识强的职业，如探险、地质勘探、登山、体育运动等。

多血质的人活泼好动，性情活跃，反应敏捷，易适应环境，善于交际。这类人工作能力较强、情绪丰富且易兴奋，但注意力不稳定，兴趣易转移；对职业有较广的选择范围和机会，适合于从事要求迅速灵活反应的工作，如导游、外交、公安、军官等，但不适宜从事单调机械的工作和要求细致的工作。

黏液质的人情绪兴奋性低，安静沉稳，内倾明显，外部表现少，反应速度慢，但稳定性强，固执，冷漠，比较刻板，有较强的自我克制能力，能埋头苦干，态度稳重，不易分心，对新职业适应慢，善于忍耐。这类人适合于从事要求稳定、细致、持久性的活动，如会计、法官、管理人员、外科医生等，但不适宜从事具有冒险性的工作。

抑郁质的人敏感，行动缓慢，情感体验深刻，观察力敏锐，易感觉到别人不易觉察的细小事物，易疲倦、孤僻，工作耐受性差，做事审慎小心，易产生惊慌失措的情绪，往往是多愁善感的人。他们适合于从事要求精细、敏锐的工作，如哲学、理论研究、应用科学、机关秘书等。

气质不仅会影响一个人职业的选择，而且可能直接影响到具体的工作。所以，大学生在职业选择中，应根据自己的气质类型，有针对性地选择适合自己的职业。

3. 认知能力

能力，是指完成一定活动的本领，是一个人进入职业的先决条件，是胜任职业工作的主观条件。无论从事什么职业总要有一定的能力作保证。没有任何能力，根本谈不上进入职业工作，对个人来讲也就无所谓职业生涯可言。人在其一生之中，要从事各种各样的社会生活和社会生产活动，必须具备多种能力与之相适应。

人们的能力可分为一般能力和特殊能力两大类。一般能力通常又称为智力，包括注意力、观察力、记忆力、思维能力和想象力等。一般能力是人们顺利完成各项任务必须具备的一些基本能力。特殊能力是指从事各项专业活动的能力，也可称特长，如计算能力、音乐能力、动作协调能力、语言表达能力、空间判断能力等。因此，了解自己的能力倾向及不同职业的能力要求对合理地进行职业选择具有重要意义。能力的不同，对职业选择就有差异。从能力差异的角度来看，在职业选择时应遵循以下原则：

（1）注意能力类型与职业相吻合。

人的能力类型是有差异的，即人的能力发展方向存在差异。对职业研究表明，职业也是可以根据工作的性质、内容和环境而划分为不同的类型的，并且对人的能力也有不同的要求，因而应注意能力类型与职业类型的吻合。能力水平要与职业层次一致或基本一致。对一种职业或职业类型来说，由于所承担的责任不同，又可分为不同层次，不同的层次对人的能力有不同的要求。因而，在根据能力类型确定了职业类型后，还应根据自己所达到或可能达到的能力水平确定相吻合的职业层次。只有这样，才能使能力与职业的吻合具体化。

充分发挥优势能力的作用。每个人都具有一个多种能力组成的能力系统，每个人在这个能力系统中，各方面能力的发展是不平衡的，常常是某方面的能力占优势，而另一些能力则不太突出。对职业选择和职业指导而言，应主要考虑其最佳能力，选择最能运用其优势能力的职业。同样，在人事安排中，如能注重一个人的优势能力并分配相应的工作，会更好地发挥一个人的作用。

（2）注意一般能力与职业相吻合。

一般能力包括注意力、观察力、记忆力、思维能力和想象力等。不同的职业对人的一般能力的要求不同，有些职业对从业者的智力水平有绝对的要求，如律师、工程师、科研人员、大学教师等都要求有很高的智商。智力在相当大的程度上决定着其所从事的职业类型。

（3）注意特殊能力与职业相吻合。

特殊能力是指从事某项专业活动的能力，也可称特长，如计算能力、音乐能力、动作协调能力、语言表达能力、事务能力、空间判断能力、形态知觉能力、手指灵活度与灵巧度等。要顺利完成某项工作，除要具有一般能力外，还要具有该项工作所要求的特殊能力。如从事教育工作需要有阅读能力和表达能力，从事数学研究需要具有计算能力、空间想象能力和逻辑思维能力。如法官就应具有很强的逻辑推理能力，却不一定要很强的动手能力；而建筑工人应有一定的空间判断能力，却不需要良好的语言表达能力。

4. 认知价值观

价值观是指一个人对周围的客观事物（包括人、事、物）的意义、重要性的总评价和总看法。如对自由、幸福、自尊、诚实、平等、服从等，在心中有轻重主次之分。这种主次的排列，构成了个人的价值观和价值体系，是决定人们期望、态度和行为的心理基础。在同一的客观条件下，具有不同价值观的人会产生不同的行为。以下归纳了社会中普遍存在的十种工作价值观：

（1）**物质报酬**：每个人都需要基本的收入以维生，但重视物质报酬的人在达到最低标准后，依然愿意继续投入，赚取更高的收入，以获得个人期望的东西。

（2）**名望**：通常是跟随职业、职位而来，因个人从事某种职业而容易获得别人的尊敬。

（3）**权力**：拥有控制、教导、指引或影响他人的地位和能力。

（4）**安定性**：指工作权、经济收入、心理需要或社交关系的不变性。

（5）**自主性**：个人能依自己的意愿及方式工作，不受别人的控制、监督。

（6）**专精**：特定领域中的专家，成为他人的顾问或咨询者。

（7）**亲和**：重视建立良好人际关系，是非正式组织中的核心人物。

（8）**多样性**：希望在工作时，有机会接触不同的人、地、问题和活动。

（9）**创意**：在自己最感兴趣的领域中工作，并能运用创造力改变现有的程序、产品和做事方法。

（10）**休闲**：希望工作时间缩短、假期增长，工作不致影响休闲生活。

（二）认识自我的方法

1. 通过别人的评价认识自己

"当局者迷，旁观者清。"当我们试图了解自己、认识自己时，他人的评价往往比主观的自省更具客观性。其主要原因是：很多时候，我们往往不能跳出自我，多角度地去感受自己、观察自己。我们都知道，人通过镜子，才能看到自己的真实面目。这是因为通过光的反射，使人跳出了自我，从另一个角度去观察，这样才得以认识自己。所以，"不识庐山真面目，只缘身在此山中"，形象生动地表明了这一道理。

当然，对于他人的评价，也要有认知上的完整性，不能因自己的心理需要而只注意某一方面的评价，比如只接受褒奖，而拒绝批评，这通常是许多人都有的问题。应当全面听取，综合分析，恰如其分地对自己作出客观准确的评价。

2. 通过生活经历了解自己

在生活中，我们可以通过总结以往成功与失败的经验及教训来发现自己的特点。因为成功与失败最能反映一个人的性格、能力上的优点和缺点。通过时时总结成功与失败的经验和教训，我们就能够认清自己在哪些方面具有优势、在哪些方面存在不足，从而有利于在以后的生活中，继续保持优势，同时改进不足，塑造一个不断完善的自我。

3. 通过自省审视自己

自省是人的一种自我体验。人们可以通过自我反思、自我检查来认识自己。在现实生活中，有些人往往会陷入"过度的自尊自爱，自以为是"，总是喜欢用自己的标准去衡量他人的行为、思想，甚至要强加于他人接受。然而，往往事与愿违、适得其反。孔子教诲人们要"吾日三省吾身"，这便是加强修养、认识自我的一种方法与途径。

4. 通过科学测验调整自己

随着自然科学与社会科学的不断发展、不断交融，越来越多的科学测评体系逐渐走入了社区、学校、家庭。通过科学的测验、测试，可以帮助我们认识自己、调整自己，以适应纷繁、复杂、多变的社会环境。

例如，当我们选择职业的时候，就可以通过一系列的职业测试来了解自己的职业兴趣、职业倾向等，看看自己对哪种职业具有极大的倾向或潜力，以便我们选择和确定自己的最佳职业。

测试方法：

以下前十题为 A 组，后十题为 B 组。每组各题，你认为"是"的打 1 分，"不是"的打 0 分，然后，比较两组答案的分值。

1. 当你正在看一本有关谋杀案的小说时，你是否常常能在作者未交代结果之前就知道作品中哪个人物是罪犯？（　　）

2. 你是否很少写错别字？（　　）

3. 你是否宁可参加音乐会而不愿待在家里闲聊？（　　）

4. 墙上的画挂歪了，你是否想去扶正？（　　）

5. 你是否常论及自己看过或听过的事物？（　　）

6. 你是否宁可读一些散文和小品文而不愿看小说？（　　）

7. 你是否愿少做几件事一定要做好，而不想多做几件事而马马虎虎完成？（　　）

8. 你是否喜欢打牌或下棋？（　　）

9. 你是否对自己的消费预算均有控制？（　　）

10. 你是否喜欢学习能使钟、开关、马达发生效用的原因？（　　）

11. 你是否很想改变一下日常生活中的一些惯例，使自己有一些充裕时间？（　　）

12. 闲暇时，你是否较喜欢参加一些运动，而不愿意看书？（　　）

13. 你是否认为数学不难？（　　）

14. 你是否喜欢与比你年轻的人在一起？（　　）

15. 你能列出五个你自己认为够朋友的人吗？（　　）

16. 对于你能办到的事情别人求你时，你是乐于助人还是怕麻烦？（　　）

17. 你是否不喜欢太细碎的工作？（　　）

18. 你看书是否很快？（　　　）

19. 你是否相信"小心谨慎，稳扎稳打"是至理名言？（　　　）

20. 你是否喜欢新朋友、新地方和新东西？（　　　）

测试分析：

1. 若 A 组分值比 B 组高，则表明你是个精深的人，适合从事具有耐心、谨慎和研究等琐细的工作，诸如医生、律师、科学家、机械师、修理人员、编辑、哲学家、工程师等。

2. 若 B 组分值高于 A 组，则表明你是个广博的人，最大的长处在于成功地与人交往，你喜欢有人来实现你的想法。适合做人事、顾问、运动教练、服务员、演员、广告宣传员、推销员等工作。

3. 若 A、B 两组分值大体相等，就表明你不但能处理琐碎细事，也能维持良好的人缘关系。适合的工作包括护士、教师、秘书、商人、美容师、艺术家、图书管理员、政治家等。

（三）转变角色

历经十几年的拼搏奋斗之后，同学们终于迈入了大学的门槛。对每一个人来说，面对的都是全新的环境，往往需要一定的时间去适应，而这种环境的变化容易使人产生学习与生活上的困惑。主要体现在以下几个方面：

其一，理想与现实的冲突。人是生活在现实和理想、物质和精神的世界之中的。现实世界、物质世界是人得以生存和发展的基础，理想世界、精神世界则是人生活的动力和价值取向。对于刚踏入大学的青年学生来说，每个人都有自己的理想和对未来的希望与憧憬，特别是在自己摆脱了多年学习压力束缚之后，豁然进入了一个"完全"属于自己支配的空间，这种情况下，最容易对未来抱有极大的幻想。然而，现实生活却并不如自己所想象的那样顺利、美好。由此，理想与现实之间的矛盾便产生了。

其二，角色定位产生偏差。每个步入大学的学生在原先的群体中，可以说，都是佼佼者，都是较为优秀的学生。然而，进入大学校门之后，大部分人才发现：在新的环境中，自己的优势地位已经丧失。这样，由优势角色向普通角色的转变，往往引发个体对自己的定位产生困惑、偏差。

[案例] 王某，女，大学二年级学生。来自某县一所重点高中，在当地因成绩突出而小有名气。高考时，她因几分之差未能进入理想专业，现在被录取的专业是第二志愿（也是老师和家长瞒着她报的志愿），起初她本人坚持复读再考，后在母亲的苦苦哀求之下才报到上了学。进入大学后一直提不起精神，新开设的一门专业课她以前从未接触过，而多数同学都比她学得好，她的情绪更加低落。

所以，对于所有刚入校的大学生来说，较快地适应环境、转变角色就显得十分重要。在大学这一人生发展的关键阶段中，我们必须找准自己的位置和目标，有计划、有针对性地去学习和实践，这样才能为将来顺利步入职场奠定坚实的基础，开创有价值的人生。

1. 培养良好心态

在人们的日常生活中，常常会出现三种不同的心态，即空杯心态、学习心态、感恩心态。

空杯心态告诉我们人不能迷恋过去，要不断地在人生道路上设立新的起点，把过去的辉煌与成就放入历史中去；不能沉醉在成绩与辉煌中，而应该在过去的基础上再立新的战绩，将自己放空，像装满果汁的杯子一样全部清空。至于清空后的杯子能够装些什么，能够比过去装得更多、更丰富、更有营养，那就需要学习心态。

学习心态，就是要像小学生一样，扎扎实实地向阅历比自己丰富、学识比自己渊博的人学习，这是一条途径。看书学习也是一条途径，要看书就要看一流大师的著作，字斟句酌，慢慢研读下去。此外，跟有学养和有见地的人交谈也是一个好方法。每个人的时间精力有限，不可能读完所有的著作，走遍天下每一个角落，做完世界上一切事情。并且每个人对事物的性情偏好不一样，如何能够在有限的时间内高效率吸收尽可能多的知识呢？那只有找值得切磋的人真情地交流。

三种心态中最重要的就是感恩的心态。吃水不忘挖井人，是华夏民族的传统美德，在人一生的成长过程中，来自各方面的帮助是必不可少的，无论是物质上的扶持、精神上的鼓励，还是道义上的援助都是难能可贵的，多记住他人的好。在这个世界上笔者认为有三类人最需要去感谢，那就是父母、朋友、伤害过自己的人。父母是天地间最无私的人，也许他们没地位，也许他们没财富，也许他们没文化，但是他们有世界上最珍贵的东西，那就是真诚无私的爱，他们可以吃再多的苦、受再多的委屈，但绝对不愿意让自己的孩子受委屈。作为孩子的我们犯了再大的错误，在父母那里都可以得到原谅，我们犯的错误就如同一颗小石头扔进大海里，连一点浪花都不会产生，而其他人做不到。要学会感谢朋友，你与朋友的关系就像绿叶需要阳光，没有阳光，植物会枯萎，没有朋友的生活会暗淡无光；朋友像生活中的盐，没有朋友的调剂，生活就像没有盐的饭菜平淡而无味，所以要好好珍惜和感谢朋友。至于伤害过自己的人，虽然主观上不会帮助我们，但客观上能促使我们学会反省世界的冷暖，促使我们对人情世故看得更深刻，有了他们的打击才使我们变得更成熟，所以要从客观方面感谢他们。

作为当代大学生，不管我们现在是在学校，还是将来走向社会、步入职场，都必须学会为人处世的稳妥方式和培养良好的心态，以便适应社会的变化和发展。

2. 养成健康的行为方式

每一个人，在其生活和工作中，要做事，必然要有所行为。行为方式就是人在具体的生活中、工作中必须有所行为时所选择的不同方式。选择什么样的行为方式，往往困惑了许多人。人们对待同样的事情往往有不同的行为方式，采取哪一种行为方式更好呢？经过几千年，人们在人类社会中逐渐约定俗成地认同了许多可以共同使用的行为方式，这就逐渐形成了行为规范——礼，即人的行为准则。人人都依照一定的社会行为规范行事，整个社会的行为就会趋同。而人们的社会行为趋同，就会减少人与人之间的矛盾冲突。社会行为规范就是使人们的社会行为有一个价值取向标准，人人都按这个标准行为，就没有谁能够只凭自己的好恶和自己的实力、势力、武力行事，那么，人类社会就会逐渐走向和谐。

依照孔子的意见，人与人之间是存在利害关系的。所以孔子所提倡的"仁义礼智信"中的"义"，即是要在人与人之间寻求最佳的行为方式。这个最佳的行为方式就是寻求一种既利己也利他人的方式。就是说，在寻求与人相亲相爱的过程中找到一种最佳的行为方式，使得彼此不损害各自的利害关系。

因此，对于今天的青年大学生来说，选择各自的行为方式，就必须要遵守一定的社会行为规范。在我们日常的学习和生活中，只有遵守社会行为规范，养成健康、良好的行为方式，才能建立起人与人之间相亲相爱的和谐关系，并促进个人的不断成长。

3. 树立正确的人生观

一个有思想的人，在其一生当中，一定会不断地问自己几个"为什么"——我为什么存在？我要到哪里去？我怎么去？这几个为什么，就是关于人生观、价值观的思考。

我为什么存在？回答的是人生使命。使命，是一个人存在的理由和价值。作为一个现实中的人，你必须明白自己存在的理由和价值。人生最大的动力来源于使命和理想，而理想又来源于对未来趋势和最终目标的深信不疑。所以，执著的人并不一定是最有才华的人，但却是对未来比常人更有深刻洞察力的人。人们判断事物通常有三种方式：第一种人是以过去判断现在。这种人拘泥于经验，在快速变化的环境中最先死去。第二种人是以现在判断现在。这种情况下参照好的榜样你就生存，榜样不好就跟着死亡，但比第一种人有进步。第三种是站在未来判断现在。这是最难的。其实，所有伟人和平凡人的高下之分，就是在对未来的判断上拉开差距的。人们一旦确信自己看清未来通往"天堂"的全部路径，就会像虔诚的宗教徒一样拥有坚定的信仰，拥有无穷的动力和宽广的胸怀，包容一切痛苦，忍受过程的煎熬。

目前，我们在校大学生正处于人生发展的最为关键的时期。我们要学会生存、学会学习、学会创造、学会奉献，这些都是我们将来面向社会和生活所必须具有的最基本、最重要的品质。其中，最核心的就是学会如何做人，即学会做一个符合国家繁荣富强与社会不断进步发展所需要的人格健全的人；学会做一个能正确处理人与人、人与社会、人与自然的关系并使之能协调发展的人；学会做一个有理想、有道德、有高尚情操的人。这就要求我们每个在校大学生，必须从现在做起，牢固树立正确的人生价值观。

首先，幸福是人生追求的目的。要追求幸福，一不要拿自己的错误惩罚自己；二不要拿自己的错误惩罚别人；三不要拿别人的错误惩罚自己。人的一生应当是不断的快乐的积累才构成幸福。

其次，选择高尚的人生观。人生观是可以选择的。不同的人生选择，决定着不同的人生。不同的选择表现出不同的人生态度，体现着不同的人生观。

再次，人应当追求高尚的品格。树立积极进取、乐观向上、厚德载物、自强不息的人生态度。

二、了解职业，了解环境

通过前一章节的学习，我们对自我有了较为详细、准确的认识，也明白了"我想做什么"的问题，有了主观的职业设计。但是，一个科学合理的职业生涯规划，还必须有社会客观现实的允许和支持。要解决这一问题，就必须了解职业和环境的相关知识。

（一）认识职业

职业就是在参与社会分工，利用知识和能力为社会创造财富，并获得合理报酬的工作类别。社会分工是职业分类的依据，由于不同人群从事社会性工作的性质有所分别，因此才产生了不同的职业分类。

我国以职业分类为基础的十大阶层是：

第一，国家与社会管理者阶层。

第二，经理人员阶层。

第三，私营企业主阶层。

第四，专业技术人员阶层。

第五，办事人员阶层。

第六，个体工商户阶层。

第七，商业服务业员工阶层。

第八，产业工人阶层。

第九，农业劳动者阶层。

第十，城乡无业、失业、半失业者阶层。

1. 职业的特征

（1）目的性，即职业以获得现金或实物等报酬为目的。

（2）社会性，即职业是从业人员在特定社会生活环境中所从事的一种与其他社会成员相互关联、相互服务的社会活动。

（3）稳定性，即职业在一定的历史时期内形成，并具有较长生命周期。

（4）规范性，即职业必须符合国家法律和社会道德规范。

（5）群体性，即职业必须具有一定的从业人数。

职业与产业、行业是有区别的。职业主要是指劳动者从事的不同性质的社会劳动。产业是由于社会劳动分工而独立出来的，专门从事某一类别生产经营活动的单位总和。国民经济部门按产业结构划分，通常分为三大产业：第一产业是农业，第二产业是工业和建筑业，第三产业是除第一、第二产业以外的其他各业。由于第三产业包括的行业多、范围广，根据我国的实际情况，第三产业可分为两个部分：一是流通部门，二是服务部门。行业一般是指按生产同类产品或具有相同工艺过程或提供同类劳动服务划分的经济活动类别，如运输行业、服装行业、机械行业等。

2. 我国劳动力市场的基本状况

劳动力供大于求的基本态势仍会持续。我国的一个现实问题是人口众多，劳动力资源丰富。从长期看，由于20世纪60、70年代的人口生育高峰，形成了当前和未来二十年劳动年龄人口占总人口的比重维持在65%以上的较高水平。"十一五"期间，城乡新增长劳动力年均达2 000万人。全国城镇每年新增劳动力1 000万人，加上需要就业的下岗失业人员和其他人员，每年需要安排就业的将达2 400万人。从劳动力的需求看，按照经济增长保持8% ~ 9%的速度，每年可新增800 ~ 900万个就业岗位，加上补充自然减员，共可安排就业1 200万人左右，所以年度劳动力供求缺口仍在1 200万人左右。而在农村，虽然乡镇企业和城市（进城务工）吸收了2亿人，但由于土地容纳的农业劳动力有限，按1.7亿人计算，则农村富余劳动力还有1.2亿以上。因此，从总体上看，在未来相当长的一段时期内，城乡劳动力供大于求的基本态势将长期存在，同时还存在劳动力市场结构性矛盾突出、部分地区供求矛盾尖锐等态势。

部分大学生就业难主要是由于所学专业与企业急需人才不能对接，到基层、民营企业就业的渠道不通畅以及个人期望值较高，不愿意到基层或者条件相对艰苦的地方工作。由此，造成了目前就业市场存在相对的"就业难"和"有业不就"的情况。

3. 未来热门职业预测

据有关部门和专家预测，21 世纪的热门职业随着知识经济时代的来临，与传统热门职业相比，正发生着重大变化。如果说第一次现代化是从农业社会向工业社会转移，那么此后的第二次现代化则是从工业社会向知识社会转移。第二次现代化将贯穿 21 世纪，与我们息息相关，知识化、网络化和国际化是我们需要面临的新时代的特征。与之相对应的，未来热门职业主要有以下几大类：（1）贸易；（2）经纪人；（3）房地产开发；（4）律师；（5）教育；（6）医疗保健；（7）新闻出版；（8）服装设计制造；（9）公关及策划；（10）旅游；（11）公务员；（12）注册会计师；（13）涉外文秘；（14）建筑设计师；（15）农业技师；（16）心理医生；（17）市场营销；（18）网络服务；（19）新材料、新能源开发技术人才。

4. 职业岗位对从业人员素质的基本要求

每一个人要就业，必须到某一个用人单位去求职。每一个求职者，面对的是一个个具体的招聘单位，它们会提出各种具体要求：招收哪个岗位，哪种职业的人，工作任务是什么，应聘人员要具备什么样的学历、专业和身体条件，过去有过哪些工作履历和经验，有何个人特长，等等。但是，各类职业对从业人员素质的基本要求，可以概括如下：（1）时间观念；（2）有效沟通、及时回复；（3）角色认知定位；（4）同事交往，团队合作；（5）全局观念；（6）注重原则，避免情绪化；（7）道德品质；（8）成本意识；（9）信息能力；（10）心理品质。

在了解职业的基本知识以后，根据自我的兴趣、爱好可以初步确定自己职业的方向。另外，要规划科学合理的职业生涯发展目标，还必须了解环境。

（二）了解环境

我们都是社会的一分子，任何人都不可能脱离社会而单独存在。

在信息和技术飞速发展的今天，大学生要规划职业生涯就必须时刻了解经济社会的发展状况，紧跟时代的步伐，考虑社会环境的需求和变化趋势，力求适应社会变化，进而实现自我。对于大学生来说，从事一种职业是自我在社会生存的必要条件；从某种意义上说，职业是一个人在社会中生存状态的一种标志。职业的社会环境就是劳动力市场。所以，大学生应了解国家、社会、地方区域等大环境中的相关政策法规、经济形势，探索其对个人职业发展的意义和价值，探索学校、院系、家庭以及朋友等构成的小环境中的可利用资源。

1. 认识社会环境

我们所面对的工作与产业变迁及由此产生的社会需求变化是密切相关的。进行职业生涯规划，必须了解与社会经济生活相关的产业结构、行业领域、职业岗位以及现代劳动形态的变化状况和趋势。

（1）**家庭环境**。家庭环境对任何人的性格和品质的形成及个人的成长都有很大的影响。大学生在进行职业生涯规划时，考虑更多的是今天的经济状况、家人的期望、家族文化等因素对本人的影响。个人职业规划的确立，总是同自身的成长经历和家庭环境相关联的。个人在成长过程中，不同时期也会根据自己的成长经历和所受教育的情况，不断地修正、调整，并最终确立职业理想规划。正确而全面地评估家庭情况才能有针对性地设计适合自己的职业规划。

（2）**学校环境**。学校环境是指所在学校的教学特色与优势、专业选择、社会实践经验。面对严峻的就业形势，很多大学生抱怨找不到专业对口的工作，一方面是因为大学教育并非完全按照社会所需设置专业，职业发展受到市场供需比例的影响；另一方面主要是学习的知识太宽泛、职业要求太精细，导致较难找到绝对"专业对口"的工作。所以，大学生们在作职业生涯规划时，不必太苛求自己，可以尝试向边缘化方向发展。以医学专业为例，毕业生可选择的就业面还是非常广的，除了从事医疗卫生事业之外，如果性格外向、易与人沟通，可以尝试做医疗方面的销售；如果思维敏捷，敢于挑战，可以尝试应聘医学专业杂志或相关咨询岗位……一般来说，一个专业大致可以对应五种职业：技术、销售、媒体、咨询与支持服务。

（3）**职业环境**。任何职业都是依托社会而存在的，因此职业受到社会环境的引导或制约。职业的社会环境主要包括以下五个方面：

①就业政策：主要是人事政策和劳动政策。

②社会变迁：主要是在现代社会进程中知识经济和信息化社会发展对人的职业生涯发展能产生较大的影响。

③价值观：价值观会随着社会的不断发展和进步而发生不同的变化，从而会影响个人对社会的认识、对职业理想的定位，同时也会影响社会对人的认识和对职业的要求。

④科技发展：科技的发展会带来理论的更新、观念的转变、思维的变革、技能的补充等，而这些都是职业生涯规划中不可或缺的要素。

⑤临近就业期的社会变化：在大学生即将毕业的时期，一般是在半年或一年之间，社会环境所发生的突然变化也会影响到大学生理想职业规划的实现。例如，突发的经济危机等不可抗拒的因素。

2. 职业的自我环境

职业的自我环境包括：自我性格与职业匹配、自我兴趣与职业的吻合、自我能力与职业的吻合、气质与职业的吻合和个性与职业的吻合等。在分析了职业和社会环境后，可以根据设定的职业发展目标确定职业探索的方向，在这一过程中要注重收集职业信息的内容，包括工作内容、工作环境、能力和技能要求及从业人员共有的人格特征、未来发展前景、薪资待遇、对生活的影响等。收集职业信息，可利用学校、社区、家庭、朋友、网络等资源和途径。

（三）职业受社会环境影响的发展趋势

职业是动态的、发展的。职业的发展与社会分工密切相关，由于社会分工和科技发展呈渐进趋势，因此，职业的演变也是缓慢而不间断的。随着生产工具的改进和科学技术的进步，以及生产的社会化，社会的分工越来越细、越来越复杂，专业化程度越来越高，产业间综合交叉点越来越多，职业的种类也不断更新。当代职业发展将出现以下五种趋势：

第一，职业的种类大量增加。

职业在其产生初期，由于传统生产技术相对稳定，一项重要的技术发明在生产上的应用往往会持续相当长的一个周期，所以社会职业也具有相对稳定性。但随着社会的发展以及科技发展的加快，职业种类增加的速度也逐渐加快，新兴行业不断涌现，新的职业将大量出现。

第二，第三产业职业数量增加。

随着科学技术水平的提高和产业结构的调整，第三产业如金融、商务、物流、卫生、教育、旅游等在国民经济发展中所起到的作用越来越大，就业人数不断增加，这是现代社会发展的大趋势。

第三，职业活动的内容不断更新。

同样的职业，因时代的不同，其技术方法、工作手段有着天壤之别。如设计绘图，过去用图板等传统工具，现在用 CAD 电脑软件。可见，职业的演变提高了对从业者素质、技能上的要求。

第四，职业将向高科技、智能化、专业化方向发展。

"推进产业结构优化升级，形成以高新技术产业为先导、基础产业和制造业为支撑、服务业全面发展的产业格局。"近年来，我国兴建了一批高新技术产业开发区，出现了一批高新技术公司，建立了一批外资和中外合资的高新技术企业。并且，随着科学技术的发展，职业的专业化和复合化程度将越来越高。

第五，职业的流动性增加。

随着社会职业种类的不断增加，使得职业选择的机会增加，从而打破了职业的相对稳定性。现代社会职业的兴衰演化迅速，职业的更新速度不断加快，导致一个人一生所面临的职业变化越来越大。

其实，在大学生毕业后的前两年，大多数人都会感觉到现实与自己职业理想的落差非常大，这段时期被称做"职业探索期"。在这段时间里，职业理想与现实之间发生冲突属于正常。我们应该用这段时间积累经验，同时通过增加对自己兴趣、能力等各方面的认识调整自己的职业理想，积极寻找机会，从而为自己的长期发展奠定基础。对于即将毕业的大学生来说，职业理想与"生存"的矛盾更会经常发生。这种现象一旦发生，既不要怨天尤人，也不要心灰意冷，而是要冷静地看待。要认真地分析一下自己的职业理想是否脱离实际；自己的职业素质是否符合所选择的职业要求。职业理想虽然因人而异，没有绝对的标准，但是需要特别注意，职业理想必须以个人能力和社会现实为依据，超越客观条件去追求自己的所谓理想，是不现实的。这就要求大学毕业生在选择职业之前一定要正确评估自己和社会环境，给自己找到合理的定位，要懂得职业理想不等于理想职业。一般认为，当个人的能力、职业理想与职业岗位最佳结合时，即达到三者的有机统一时，这个职业才是你的理想职业。只要你的职业理想符合社会需要，而自己又确实具备从事那种职业的职业素质，并且愿意不断地付出努力，迟早会有一天实现自己的职业理想的，而理想职业却带有很大的幻想成分。

下面介绍"人格类型—职业匹配"的职业选择理论，供大家参考，在分析自我和职业、环境的基础上，确定自我的职业理想。

"人格类型—职业匹配"理论是美国职业心理学家霍兰德（Holland）创立的人才测评理论（附表见本节后），即关于人的个性特征与职业性质一致的理论。其基本思想是，个体差异是普遍存在的，每一个个体都有自己的个性特征，而每一种职业由于其工作性质、环境、条件、方式的不同，对工作者的能力、知识、技能、性格、气质、心理素质等有不同的要求。进行职业选择时，就要根据一个人的个性特征来选择与之相对应的职业种类，即进行人职匹配。如果匹配得好，则个人的特征与职业环境协调一致，工作效率和职业成功的可能性就大为提高，反之则工作效率和职业成功的可能性就很低。因此，对于组织和个体来说，进行恰当的人职匹配具有非常重要的意义。

三、形成职业期望

职业期望是复杂多样的，但在现实生活中，并不是所有的职业期望都能变成现实。一个人的职业期望能否变成现实，主要看其是否合理。比如在大学生就业过程中，也许每个人都希望自己有一份既轻松愉快，待遇条件又好，不怎么费劲就能成就一番事业的工作。很显然，这种职业期望是不可能实现的。任何一种职业的选择都要受到社会需求、自身素质以及其他社会因素的制约。大学生在就业过程中因为虚荣思想、享受思想、安逸思想的存在比较容易形成错误的职业期望，而要形成合理的职业期望，就必须正确认识自身的优势与不足。

（一）自身的优势与不足

1. 明确自身优势

你知道自己的优点吗？所谓的优点是任何你能运用的才干、能力、技艺与人格特质，这些优点也就是你能对工作单位及社会有贡献、能继续成长的要素。但是，我们大家总觉得说自己的优点是不对的，会显得太不谦虚。其实，自己在某些方面确实有优点而否定它，这种做法既不符合人性，也是不诚实的表现。肯定自己的优点绝不是吹牛，相反，这才是诚实的表现。

你有哪些优点，你自己清楚吗？你是不是知道自己所有的优点？通常情况下，大家不愿意谈自己的优点，总觉得说自己的优点显得太不谦虚，是一件不对的事情。大多数人都被迫接受了一个观念：

讲自己的优点是不对的，讲缺点是绝对应该的。

希望大学生们能真正清楚自己所拥有的优点，因为要成功就一定要好好地利用你的优点。

举个例子，要是有人说你菜烧得好，也许你会说："哪里哪里，其实烧得不好。"或者说"这也算不上什么特殊才能"。可是菜烧得好，绝对是特殊的才能。假如，有人告诉你："你在电话里很会说话。"你也许会说电话交谈很容易，算不上优点。然而你要知道，有很多人觉得用电话交话非常困难，因此，这确实是值得骄傲的优点。

当然，发现自己的优点并不容易。小时候，心理学家施微博士就非常嫉妒他的表妹。他回忆道："我这表妹会弹钢琴，会画画，而从来没有人说我有什么才能或优点。所以我对她的成就非常嫉妒。长大后我发现自己能跳舞，话说得好，和别人也相处得来。到后来，我开始能赏识她的艺术修养，因为我发现了自己的优点，所以能够不带嫉妒的情绪。"因此，发现自己的优点有利于你发挥潜能。那么，怎样发现自己的优点呢？

笔者认为，要想清楚自己的优点，首先必须重视自己，要塑造自己对自己的好印象。以施微博士的故事为例，他这样描述道："虽然我父母对子女很好，但是我实在没有什么钱。很小，我就知道，只有到外面赚钱。我的口袋里才会有钱，因此我设计了一种玩弹珠的游戏，找个木箱子，假如弹珠进了洞，那么我就赢得更多的弹珠，否则我就得另外再买。十个弹珠一分钱，这个游戏，不但使我赚了钱，也使玩游戏的孩子得到了很大的快乐。因此，我要说我家虽穷，穷却对我有好处，使我学会如何利用创造力赚钱。"他这样记载自己的经验：

经验	优点
设计弹珠游戏	创造力，能赚钱

想想你过去的经验，特别是想那些好的经验，从中你培养了什么样的优点？如幽默感、意志力、野心、热爱学习、乐观的生活态

度等。你还想拥有什么样的优点？

2. 发现自己的不足

几千年来，很多哲学家都忠告我们：要认识自己！但是，大部分人都把它解释为"仅认识你消极的一面"，大部分自我评估都包括太多的缺点、错误与无能。其实，认识自己的缺点是很好的，可借此谋求改进。

遣词造句就像一部摄影机，把你心里的意念活动投射出来，它所显示的图像决定你自己和别人对你的反应。

比如，你对一群人说："很抱歉，我们失败了。"他们会看到什么画面呢？"失败"这个字传达了打击、失望和忧伤。但如果你说："我相信这个新计划会成功。"他们就会振奋，准备再次尝试。如果你说："这会花一大笔钱。"人们看到的是钱流出去回不来。若你反过来说："我们作了很大的投资。"人们就会看到利润滚滚而来、令人开心的画面。

以下三种方法可以使你的意念活动投射出的图像产生积极的效应。

第一，用伟大、积极、愉快的语句来描述你的感受。

当有人问你："你今天觉得怎么样？"你若回答"我很疲倦"，别人就会觉得很糟糕。你要练习做到下面这一点，它很简单，却有无比的威力。当有人问"你好吗"？或"你今天觉得怎么样"？你要回答："好极了，谢谢你！"在任何时候都说你很快乐，你就会真的感到快乐，而且，这会使你更有分量，为你赢得更多的好朋友。

第二，用明朗、快活、有利的字眼来描述别人。

当你跟别人谈论第三者时，你要用建设性的语言来赞美他，比如，"他真是个很好的人"，或"他做得很出色"。绝对要小心避免说破坏性的话，因为第三者终究会知道你的评判，结果这种话会反过来打击你。

用积极的话去鼓励别人。只要有机会，就去称赞别人，要注意并称赞跟你一起工作的伙伴。每个人都渴望被称赞，所以每天都要对你的妻子或丈夫说出一些赞美的话。真诚的赞美是成功的工具，要不断使用。

第三，要用积极的话对别人陈述你的计划。

当人们听到类似"这是个好消息"、"我们遇到了绝佳的机会"等话语时，心中自然会升起希望，但是当他们听到"不管我们喜不喜欢，我们都得做这工作"时，他们的内心就会产生沉闷、厌烦的感觉，他们的行动反应也会跟着受影响。所以，要让人们看到成功的希望，才能赢得别人的支持；要建立城堡，不要挖掘坟墓，要看到未来的发展，不要只看到现状。

下面介绍一种认识自我优劣势的测评方法——SWOT分析法，以供参考。

SWOT分析法：

SWOT分析法又称为"态势分析法"。它是由旧金山大学的管理学教授于20世纪80年代初提出来的，是一种能够较客观而准确地分析和研究一个单位现实情况的方法。

SWOT四个英文字母分别代表：优势（Strength）、劣势（Weakness）、机会（Opportunity）、威胁（Threat）。从整体来看，SWOT可以分为两部分：第一部分为SW，主要用来分析内部条件；第二部分为OT，主要用来分析外部条件。利用这种方法可以从中找出对自己有利的、值得发扬的因素，以及对自己不利的、要避开的东西，发现存在的问题，找出解决的方法，并明确以后的发展方向。

1. 优势分析

（1）你曾经做过什么？

（2）你学习过什么？

（3）最成功的是什么？

2. 劣势分析

（1）性格弱点。

（2）经验或经历中所欠缺的方面。

3. 环境分析

首先是对社会大环境的认识与分析：当前社会政治、经济发展趋势；社会热点、职业门类分布与需求状况；自己所选择的职业在当前与未来社会中的地位情况；社会发展趋势对自己职业的影响。其次是对自己所选企业的外部环境的分析：所从事行业的发展状况及前景；在本行业中的地位与发展趋势；所面对的市场状况。

4. 人际关系分析

个人职业过程中，将同哪些人交往，其中哪些人将对自身发展起重要作用，是何种作用，这种作用会持续多久，如何与他们保持联系，可采取什么方法予以实现，都是必须考虑的问题。

SWOT 分析案例：

某毕业生　毕业学校：上海经贸大学　本科专业：金融

就职单位：中国创业投资有限公司（投资银行）

学习成绩：TOP 8 of 144

外语水平：CET－6　TOFEL：623

学生工作：记者团团长

实习兼职：某公司业务助理

竞赛特长：金融大赛一等奖

SWOT 分析：

1. 优势及其使用

（1）优势：与人沟通能力强；外语（英语）水平高；中外合作教学项目，热门专业。

（2）优势的使用：在求职过程中获得很多信息并得到

很多同行帮助；在面试时给面试官留下深刻印象；专业知识结构完善，注重发挥团队合作精神。

2. 劣势及其弥补

（1）劣势：非名校学生；知识面不够宽广。

（2）劣势的弥补：充分发挥优势资源学校的益处，求职中尝试有益的创意方法；多与人交流，发现自己的不足，加以弥补，多看书。

3. 机遇及其把握

（1）机遇：IT和投资银行行业都将面临发展契机；金融将逐步放开，更多国外投资银行将进入中国。

（2）机遇的把握：必备的行业知识，多与行业专家沟通交流，扎实的专业技能；注册职业资格考试再接再厉。

4. 挑战及其排除

（1）挑战：英语水平需要进一步提高；行业中有越来越多的"海归"和经验丰富的本土人才。

（2）挑战的排除：充分利用有利的语言环境学习；向他人虚心学习。

（二）自己心目中理想的职业

在认识自我和了解环境之后，每个人心中都在设计自己的理想职业。但是，最初的职业理想并不能成为个人一生中从事的唯一职业。在人生的实践过程中，需要不断地探索职业生涯，才能最终找到自己心目中理想的职业。

有个男孩子，从小就是一个讲究平衡发展的学生。他每一科成绩都维持中上水平；运动也在行，但称不上明星球员；颇有创作天分，但若要做个真正的艺术家，却不怎么热衷。在考大学时，语文成绩几乎与数学成绩不相上下。

在他大一时，所选的全是科学课程，还打算主修理论物理（他那望子成龙的父亲是个很实际的人，他说，学物理可以，但是理论两个字要去掉）。

一年后，男孩发现，物理学的动人之处在于抽象的部分。

父亲的忧虑没维持多久，儿子到了大学三年级又有了新想法。他虽喜欢数学的井然有序，但受不了那冷冰的感觉。于是又决定改攻艺术。（这时，素来忠实的父亲禁不住自问："我们到底是哪里错了？"）

好不容易，钱花了，时间付出了，这位年轻人终于达到目标，做了建筑师。从此再也未改变过志向，而且做得有声有色。

虽然他的父亲曾一度绝望，认为这个儿子怎么都不成材，但事实上，这个孩子行动大胆而明智，他好不容易发现了自己真正的性格与才华，然后选定一个行业，从一而终。活到老，学到老，挖掘个人潜能，才是终生事业！

思考题：

1. 结合教材介绍的方法，认真分析自己的性格特征。
2. 在评估自我和环境后，科学构思自己的职业理想。

人格类型与职业类型的匹配

类 型	劳动者的人格特点	环境特点	职业特点	适应的职业
现实型	1. 愿意使用工具从事操作性的工作 2. 动手能力强，做事手脚灵活，动作协调 3. 偏好于具体任务，不善言辞和交际 性格：持久的、感觉迟钝的、不讲究的、谦逊的	要求有明确的、具体的体力任务和操作技能，人际沟通能力要求不高	熟练的手工和技术工作，运用手工工具或机器进行工作	工程师、机械师、机械工、木工、电工、电气技师、维修工、农民、渔民等
研究型	1. 抽象思维能力强，求知欲强，肯动脑，善思考，不愿动手 2. 喜欢独立和富有创造性的工作 3. 知识渊博，有学识才干，不善于领导他人 性格：好奇的、个性内向、非流行大众化、变化缓慢的	要求具备思考和创造能力，社交能力要求不高	科学研究和试验工作，研究自然界、人类社会的构成和变化	科研人员、科技工作者、数学家、化学家、物理学家、动植物学家、地质学家，化学、冶金、电子、无线电、飞机等方面的工程师、技术人员等
艺术型	1. 喜欢以各种艺术形式的创作来表现自己的才能，实现自身价值 2. 具有特殊艺术才能和个性 3. 乐于创造新颖的、与众不同的艺术成果，渴望表现自己的个性 性格：冷淡疏远的、有独创性的、非传统的	通过语言、动作、色彩和形状来表达审美原则，单独工作	从事艺术创作	作家、演员、记者、诗人、画家、作曲家、编剧、舞蹈家、音乐教师，雕刻、摄影艺术、室内装饰、服装设计等从业人员

续　表

类　型	劳动者的人格特点	环境特点	职业特点	适应的职业
社会型	1. 喜欢从事为他人服务和教育他人的工作 2. 喜欢参与解决人们共同关心的社会问题，渴望发挥自己的社会作用 3. 比较看重社会义务和社会道德 性格：缺乏灵活性的、亲切仁慈的	解释和修正人类行为，具备高水平的沟通技能，热情助人	通过命令、教育、培训咨询等方式帮助人、教育人、服务人	教师、学校管理人员、保育员、行政人员、医护人员、社会福利机构工作者、社会群众团体工作者、咨询人员、公关人员等
企业家型	1. 精力充沛、自信、善交际、具有领导才能 2. 喜欢竞争，敢冒风险 3. 喜欢权力、地位和物质财富 性格：善辩的、精力旺盛的、寻求娱乐、努力奋斗的	善作言行反应，有说服他人和管理的能力，完成监督者角色	劝说他人、指派他人去做事情的工作	企业家、厂长、各级领导者、政治家、政府官员、商人、律师等
传统型	1. 喜欢按计划办事，习惯接受他人的指挥和领导，自己不谋求领导职务 2. 不喜欢冒险和竞争 3. 工作踏实，忠诚可靠，遵守纪律 性格：有责任心的、依赖性强、高效率、猜疑心重	要求系统、常规的行为，具体体力要求低，人际沟通技能低	一般指各种办公室、事务性工作	会计、统计、出纳、办公室职员、行政助理、税务员、秘书和文书等

第三节　职业发展决策

职业发展决策是人生的一件大事，尤其对于踌躇满志的在校大学生而言，更是一件大事。同学们从入学那天起，就应该思索这个问题。本节将对大学生在面对职业发展决策的各个环节和方法上进行全面的分析和指导。

一、确立目标职业

（一）确立目标职业的重要性

职业生涯规划及其意义、职业活动将伴随我们的大半生，拥有成功的职业生涯才能实现完美人生。因此，确立目标职业具有特别重要的意义。

第一，确立目标职业可以发掘自我潜能，增强个人实力。

确立目标职业的过程将会：（1）引导你正确认识自身的个性特质、现有与潜在的资源优势，帮助你重新对自己的价值进行定位并使其持续增值。（2）引导你对自己的综合优势与劣势进行对比分析。（3）使你树立明确的职业发展目标与职业理想。（4）引导你评估个人目标与现实之间的差距。（5）引导你前瞻与实际相结合的职业定位，搜索或发现新的或有潜力的职业机会。

第二，确立目标职业可以增强发展的目的性，提升成功的机会。

选择职业要有计划、有目的，不可盲目地"撞大运"，很多时候我们的职业生涯受挫就是由于职业定位没有做好。好的计划是成功的开始，凡事"预则立，不预则废"就是这个道理。

第三，确立目标职业可以提升应对竞争的能力。

当今社会处在变革的时代，到处充满着激烈的竞争：物竞天择，适者生存。职业活动的竞争非常突出，尤其是在我国加入 WTO 后，所以，要想在这场激烈的竞争中脱颖而出并保持立于不败之地，必须设计好自己的职业，这样才能做到心中有数。而不少应届大学毕业生不是首先坐下来确定自己的职业目标，而是拿着简历与求职书到处乱跑，总想会撞到好运气找到好工作，结果是浪费了大量的时间、精力与资金，到头来感叹招聘单位有眼无珠，不能"慧眼识英雄"，叹息自己英雄无用武之地。这部分大学毕业生没有充分认识到确定目标职业的意义与重要性。实际上未雨绸缪，有了清晰的认识与明确的目标之后再把求职活动付诸实践，所取得的效果要好得多，也更经济、更科学。

（二）职业发展的路线

在职业选择后，还须考虑向哪一条路线发展：是走行政管理路线，向人力资源管理方面发展，还是走专业技术路线，向业务方面发展？发展路线不同，对其要求也不同，因为即使是同一职业，也有不同的岗位。有的人适合从事行政工作，可在管理方面大显身手，成为一名卓越的管理人才（CEO）；有的人适合做研究，可在某一领域有所突破，成为一名著名的专家或学者（Doctor）；有的人适合搞经营，可在商海屡建功勋，成为一名经营人才（Business）。如果一个人不具有管理方面的技能，却选择了行政管理路线，这个人就很难成就事业。

职业生涯路线是指一个人选定职业后，为实现职业目标和职业理想所选择的路径。比如：是往专业技术方向发展，还是向行政管理方向发展？方向不同，对其要求也不相同。

职业生涯发展的路线可根据技术型、管理型、创造型、自由独立型和安全型五类定位。

（1）**技术型**：持有这类职业定位的人出于自身个性与爱好考虑，往往并不愿意从事管理工作，而是愿意在自己所处的专业技术领域发展。我国过去不培养专业经理的时候，经常将技术拔尖的科技人员提拔到领导岗位，但他们本人往往并不喜欢这个工作，更希望能继续在自己的专业领域做研究。

（2）**管理型**：这类人有强烈的愿望去做管理人员，同时经验也告诉他们自己有能力达到高层领导职位，因此他们将职业目标定为有相当大职责的管理岗位。成为高层经理需要的能力包括三个方面：

①分析能力：在信息不充分或情况不确定时，判断、分析、解决问题的能力。

②人际交往能力：影响、监督、领导、应对与控制各级人员的能力。

③情绪控制力：有能力在面对危急事件时，不沮丧、不气馁，并且有能力承担重大的责任，而不被其压垮。

（3）**创造型**：这类人需要建立完全属于自己的东西，如以自己名字命名的产品或工艺，或是自己的公司，或是能反映个人成就的私人财产。他们认为只有这些实实在在的事物才能体现自己的才干。

（4）**自由独立型**：有些人更喜欢独来独往，不愿意像在大公司里那样彼此依赖，很多有这种职业定位的人同时也有相当高的技术型职业定位。但是他们不同于那些简单技术型定位的人，他们并不愿意在组织中发展，而是宁愿做一名咨询人员，或是独立从业，或是与他人合伙开业。其他自由独立型的人往往会成为自由撰稿人，或是开一家小的零售店。

（5）**安全型**：有些人最关心的是职业的长期稳定性与安全性，他们为了安定的工作、可观的收入、优越的福利与养老制度等付出努力。目前我国绝大多数的人都选择这种职业定位，很多情况下，这是由于社会发展水平决定的，并不完全是本人的意愿。相信随着社会的进步，人们将不再被迫选择这种类型。

总之，在职业生涯规划中，须作出抉择，以便使自己的学习、工作以及各种行动措施沿着自己的职业生涯路线或预定的方向前进。

通常职业生涯路线的选择须考虑以下三个问题：（1）我想往哪一条路线发展？（2）我能往哪一条路线发展？（3）我可以往哪一条路线发展？大学生应对以上三个问题进行综合分析，以此确定自己的最佳职业生涯路线。

（三）建立合理的知识结构

所谓知识结构，是指一个人为了某种目的的需要，按一定的组合方式和比例关系所建构的，由各类知识所组成的，具有开放、动态、通用和多层次特点的知识构架。20世纪末期，知识的总量以每3～5年增长一倍的速度增长着，而我们每个人获得知识的能力是有限的，我们需要知识，但面对无边的学海，许多人无所适从。怎样解决知识需要与"知识爆炸"的矛盾呢？这就需要建立一个合理的知识结构。那么，建立合理知识结构的原则是什么？怎样建立一个合理的知识结构呢？

1. 建立合理知识结构的原则

要建立一个适合自己发展的最佳的知识结构并不是一件容易的事。因此，在确立自己的知识结构和学习新知识之前，应该掌握一些建立合理的知识结构的原则。这些原则不是一般意义上对学习者的要求，而是必须遵循的准则，离开这些原则的支撑和指导，要建立任何具有实际意义的知识结构都是不可能的。

（1）整体性原则。它体现的是知识内在的逻辑联系和必然性。在建立自己合理的知识结构时，必须从总体上来考虑知识的功能和效应，片面零散、支离破碎的知识不可能提高一个人认识和解决问题的能力。知识的内在结构和体系由浅入深、由表及里、由个别到一般，这些原理都符合学习知识的过程，而好高骛远、脱离实际地追求博大精深只能是一种幻想。

用整体性原则指导自己建立合理的知识结构，就是从自己的实际出发，结合自己的整体目标，先从宏观上把握对自己发展起决定作用的知识，然后再从知识的内部融会贯通，完整掌握，而不能满足于浅尝辄止和一知半解。一种职业、一个岗位总是对从事它的人提出特定的知识要求，这些知识的本身总是一个个有机的整体，有其自身的规律和价值，越能从整体上把握，它的价值就越大。

（2）相关性原则。它体现的是知识的相互依赖、相互牵连的内在本质特点。所有的知识都不是孤立和分散的，一个学科、一门知识总是和它相邻的学科和知识有着或多或少、或深或浅的联系，从而构成了知识相互影响、相互促进的互动态势。比如语言学和文学之间、物理学和数学之间、气象学和生物学之间，等等。建立自己合理的知识结构，必须按照知识互相影响、互相依赖、互相促进的特征去组合、去建设，按照自己的人生目标、工作性质的相关要求学习掌握知识，而不是按照个人的喜好片面单纯地追求某一方面的知识。

（3）迁移渗透性原则。它体现的是知识的相互交叉、相互派生的特征。知识不是孤立分散的，相近相关的知识不仅可以互相促进，而且在一定情况下还可以相互转化和派生。尤其是随着新的科学方法和思维观念的出现，知识之间的相互渗透、相互迁移日益增多，交叉学科、边缘学科大量涌现，马克思预言的自然科学奔向社会科学的洪流已经成为现实，比如数学已经越来越多地渗透到多个学科领域。我们在掌握现有的相关知识的同时，还要善于将已有的知识相互渗透，将知识学活，用知识创新知识，使自己的知识结构变为一个不断向外扩张的体系。

（4）动态性原则。它体现的是知识的发展规律，不能期望建立一个一劳永逸的知识结构，所谓"活到老，学到老"就是对知识动态性原则最通俗的注释。在信息时代，知识的更新更加频繁，一个人昨天建立的知识结构，如果今天不充实更新，它的价值就会降低。只有用动态性原则要求自己，不断在旧有的知识结构中叠加新的内容，才能把握更多稍纵即逝的机会。

建立合理知识结构的四个原则，在具体的运用过程中并不是孤立的，而是相互联系、相互作用的，是揭示了一个合理知识结构的必不可少的四个方面。因此，只有将四个原则结合起来，才能真正起到指导作用。

2. 合理知识结构的建立

建立合理的知识结构应从以下四个方面入手：

（1）建立基础知识结构。基础知识是指适应职业岗位所必备的常规性、前提性和工具性知识，以及为接受继续教育所准备的基础知识，包括语文、数学、物理、外语、计算机知识等每个人都必须具备的知识。

（2）建立专业知识结构。专业知识是指从事某一专业工作所必须具备的知识，一般是具有较为系统的内容体系和知识范围，掌握专业知识是培养专业技能的基础。如教师的专业知识是指教师所教学科的知识，这是教师胜任其本职工作所必须具备的核心知识，而教育科学知识也是教师从事教育工作应具有的职业知识，包括教育学、心理学等方面的知识；从事银行业务人员的专业知识是指以银行业务为中心的知识群，如经济学、银行经营管理学、财务会计学、财政学、市场学、经济法学等知识。

（3）现代管理与人文社会知识。现代社会是知识经济的社会，知识渗透于经济发展的各个领域，成为经济发展和社会进步的重要推动因素。而知识与"人文性"从来都是相伴而生的，以知识为核心竞争力的现代经济必定是"人文性"的经济，因此，现代管理也应当是"人文性"的管理。从企业的战略管理到具体品牌形象的管理，从对客户需求的全面的人文化服务到对企业团队精神的全面文化建设，都应当充满现代的人文精神。如何认识这种"人文性"的管理方法，如何将其实施到一个团队、一个组织和一个企业？这就需要现代管理与人文社会知识。

（4）新技术、新知识的储备。没有足够的知识储备，一个人难以在工作和事业中取得突破性进展，难以向更高层次发展。有一句格言说："只因准备不足，导致失败。"这句话可以刻在无数可怜失败者的墓志铭上。有些人虽然肯努力、肯牺牲，但由于在知识和经验上准备不足，做事大费周折，始终达不到目的，实现不了成功的梦想。如果你真有上进的志向、真的渴望造就自己、决心充实自己，那么必须认识到，无论何时、无论什么人都可能增加你的知识和经验。一句话，新技术、新知识的储备是你迈向成功的必由之路。

（四）建立良好的个性品质

1. 自　信

广义地讲，自信本身就是一种积极性，自信就是在自我评价上的积极态度；自信是人对自身力量的一种确信，深信自己一定能做成某件事，实现所追求的目标。自信是一种信念，是成功的必要条件，是成功的源泉。自信心是人类心理活动中最为基本的内在品质之一。自信是青年积累社会阅历与经验的通行证，是青年走向成功的奠基石。

2. 责任心

责任心，是一种舍己为人的态度。有责任心，是为别人赴汤蹈火的壮举，是为别人两肋插刀的豪情，因此，才有了黄继光以身体挡子弹的壮举，才有了邱少云火烧至死不移半步的豪情。能做他人不敢做的事，担他人不敢担的后果，姜素椿才会为了病人而往自己身上输血清，叶欣才会在生前留下那句刻骨铭心的话："这里危险，让我来。"

3. 诚　信

诚信是什么？从道德范畴来讲，诚信即待人处事真诚、老实、讲信誉，言必信、行必果，一言九鼎，一诺千金。在《说文解字》中的解释是："诚，信也"，"信，诚也"。可见，诚信的本义就是要诚实、诚恳、守信、有信，反对隐瞒欺诈、反对伪劣假冒、反对弄虚作假。信是立身之本，更是治国之基。个人失信，为害数人；社会无信，则人人自危；政府缺乏信用，则德治难行，权威不立。

4. 时间管理

时间管理，英文名：Time Management。它就是找到一种方法帮助自己组织时间，以按时或者提前完成既定的任务和目标，其中重要的工具是日程表。正是因为如此，日程表非常重要：它使我们能有计划地运用时间，以达到自己最终的目的，实现更高层次的自由。

5. 主　动

主动就是不靠外力促进而能够由自己把握，它既是一种工作态度，又是一种生活的态度。我们主动地去面对自己的工作，就真正成了工作的主人。主动积极工作的人，其本身就会给自己制定较高的工作目标。做事主动的人意味着他有责任心，有责任心才能把事情做得好。所以，主动做事的人，是以积极乐观的心态去面对要做的事情。工作有质量，肯定会得到人们应有的肯定和尊重，这其实也是一种生活质素和人生价值。"不用扬鞭自奋蹄"是人们主动精神的一种写照，在积极主动的工作生活中，我们就应该快乐着、收获着。

6. 勤　奋

汗水是滋润灵魂的甘露，是实现理想的阶梯。勤奋的含义是今天的热血，而不是明天的决心，后天的保证。有人说，驾驭命运的舵就是勤奋，不抱有一丝幻想，不放弃一点机会，不停止一日努力。有人说，勤奋是你生命的密码，能译出一部壮丽的史诗。人并不是因为可爱才美丽，而是因为勤奋才美丽。迁延蹉跎，来日无多，衰草枯杨，青春易过。让我们把活着的每一天看做生命的最后一天，认真去奋斗出自己的精彩吧，用勤奋来定义一切美丽。在这里笔者想用一句话来总结一下，"有过辛勤耕耘的春天，总会迎来一个属于你的收获的秋天"！

7. 谦　逊

谦逊就是不自大或不虚夸，谦虚，不高傲，认为自己所做的或者所达到的水平与别人相比还是很一般的，有追求，低调，希望不断的进步。谦逊是一种自觉的行为，它不需要人来强迫，也不需要人来约束，它是你发自内心深处的愿望，它是你下意识的习惯，所以，它首先是一种心态，一旦拥有了它，你的学识将与日俱增，你的朋友将遍布四海，你的人生也将因此而快乐无比。谦逊就像天平一样，人们用它可以衡量自己的分量。傲慢则是现代人常见的通病，人们往往把对于某种模糊的、肤浅的、表面的印象当做知识。这往往会对我们自己形成致命的打击，以为别人的成功都是来自于机遇、运气、背景抑或其他，而真正忽视的则是我们自己的选择，尤其是对于傲慢与谦逊的选择。这种基本的选择，让我们对世界本真的认识产生了巨大的差别，从而导致我们在人生道路的发展趋向上的截然不同。

二、制定大学期间的学业规划

（一）学业规划的概念

学业规划，是指为了提高求学者的人生职业（事业）发展效率，而对与之相关的学业所进行的筹划和安排。具体来讲，是指在求学者完成文化启蒙阶段的学习以后，也就是在决定其职业发展方向的源头上（一般为初中毕业），通过对求学者的自身特点（性格特点、能力特点）和未来社会需要的深入分析、正确认识，确定其人生阶段性事业（职业）目标，进而确定学业路线（专业和学校），然后结合求学者的实际情况（经济条件、工作生活现状、家庭情况等等）制订学业发展计划，以确保用最小的求学成本（时间、精力、资金等）获得阶段性职业目标所必需的素质和能力的过程。换言之，就是通过解决求学者学什么、怎么学、什么时候学、在哪里学等问题，以确保用最小的求学成本，通过学习成长为满足阶段性职业目标要求的合格人才，从而最大限度地提高求学者的人生职业（事业）发展效率，并实现个人的可持续发展。

学业规划是通过升学决策与学业管理来实现和完成的。升（求）学决策与学业管理是学业规划的具体化与日常化，升（求）学决策是指中学毕业生（求学者）在升（求）学时对下一阶段学习专业、学校与方式的选择，而学业管理则是通过学生对自己每天、每时、每刻的学习计划与安排，通过品德修养、智力开发、身体锻炼及其他方面素质的全面提高，以确保其完成学业后，成长为适应社会经济（人才市场）需要的合格人才，进而顺利实现自己的阶段性职业或事业目标。

（二）制定学业规划的原则和方法

大学生应该怎样对自己的学业规划进行设计？计划赶不上变化，如果不能实现自己的规划时，该怎么办？有关学业规划专家给出了切实可行的建议。

1. 全面把握，制定目标

（1）明确学业目标。在学业生涯中，人生的学业目标有短期目标和长期目标之分，而且在一定时期内还有可能对学业目标作出一定调整。大学生应当尽快确定自己的学业目标，打算成为哪方面的人才，打算在哪个领域成才等。对这些问题的不同答案不仅会影响个人学业生涯的设计，也会影响个人的成功。

（2）正确分析自我和学业。自我分析即通过科学认知的方法和手段，对自己的学业兴趣、气质、性格、能力等进行全面认识，清楚自己的优势与特长、劣势与不足。自我分析要客观、冷静，不能以点带面，既要看到自己的优点，又要面对自己的缺点，避免设计的盲目性。

学业生涯设计时，要对该学业所在的行业现状和发展前景有比较深入的了解，比如人才供给情况、平均工资状况等。不同职业岗位对求职者的自身素质和能力有着不同的要求，在学业生涯设计时，还要了解所需要的学业素质要求，除职业所需要的一般能力外，还需要哪些特殊职业能力。

2. 注重基础，加强动手能力

（1）构建合理的知识结构。在学业生涯设计时，大学生要能够根据职业和社会不断发展的具体要求，将已有的知识重组，构建合理的知识结构，最大限度地发挥知识的整体效能。如今的社会对未来人才的综合性知识结构提出了更高的要求，要求大学生既能很好地适应社会需要，又能充分体现个人特色；既能满足专业要求，又有良好的人文修养；既能发挥群体优势，又能展现个人专长。构建合理的知识结构没有捷径可走，只有学习和积累，采取适合自己的科学学习方法，持续不断地付出艰辛的劳动，辛勤耕耘。

（2）培养职业需要的实践能力。综合能力强、知识面广是用人单位选择大学生的最主要依据。大学生应重点培养满足社会需要的决策能力、创造能力、社交能力、实际操作能力、组织管理能力和自我发展的终身学习能力、心理调适能力、随机应变能力等。

（3）参加有益的学业训练。当前，大学生进行的学业训练较少，即使是学业测评，也只有少部分人开始运用它作为自己学业设计的参考。目前，高校组织大学生参与的暑期"三下乡"活动、青年志愿者活动、毕业实习、校园创业活动等都是学业训练的较好形式。在这方面，高校应鼓励有条件的大学生利用假期实习，从事社会兼职，组织学生开展模拟性的学业实践活动，开展学业意向测评、学业兴趣分析测评等。

3. 设计学业要扬长避短

在设计学业生涯时要根据社会需求，把握社会动向。大学生都有自己的专业，并且每个专业都有一定的培养目标和就业方向，这就是大学生学业生涯设计的基本依据。用人单位对毕业生的需求，一般首先选择的是大学生专业方面的特长。如果学业生涯设计离开了所学专业，无形当中就增加了许多"补课"负担。所以，专家建议大学生对所学的专业知识要精深、广博，除了要掌握深厚的基础知识和精深的专业知识外，还要拓宽专业知识面，掌握或了解与本专业相关、相近的若干专业知识和技术。而且，还要根据个人兴趣与能力特长来设计学业生涯。学业生涯设计要与自己的个人性格、气质、兴趣、能力特长等方面相结合，充分发挥自己的优势，扬长避短，体现人尽其才、才尽其用。

另外，还要提醒大学生，知识多、学历高不一定能力强，切不可以学习成绩作为评价能力高低的唯一尺度。大学生应在对自己能力、特长正确认知和评价的基础上，根据自己的真才实学和能力特长设计学业生涯。

（三）规划好大学的学业

大学的路该如何走呢？有人认为，大一为试探期，大二为定向期，大三为冲刺期，大四为分化期；还有一种观点：大一是浪漫主义，大二是完美主义，大三是现实主义，大四是批判现实主义。每一种都有一定的道理，总之一句话，我们应在大学刚刚开始时就确立自己的学业规划，做好大学学业生涯规划，这不仅有利于我们充实自己的大学生活，甚至对自己一生的学习都有好处。大学要学的东西很多，但时间是有限的，所以我们没有理由去挥霍时间，应尽快制定一份学业规划，使学有目标、学有计划、学有所成。

大学各年级学业规划的实施目标和策略如下：

1. 大学一年级——探索期

阶段目标：适应大学生活，树立规划意识。

要初步了解职业，特别是自己未来想从事的职业或与自己所学专业对口的职业，并提高人际沟通能力。具体方式是可以多和高年级的同学进行交流，询问就业情况，了解就业形势。在大一学习任务不重的情况下，多参加学校活动，增加交流技巧；学习计算机知识，争取通过网络辅助自己的学习。

2. 大学二年级——定向期

阶段目标：确定主攻方向，培养综合素质。

应考虑清楚未来是继续深造还是就业，并以提高自身的基本素质为主要目的，积极参加学生会或社团组织和社会活动，锻炼自己的各种能力，同时检验自己的知识技能；可以开始尝试从事与自己未来职业或本专业有关的兼职、社会实践活动，提高自己的责任感、主动性和受挫能力。提高英语口语能力、计算机应用能力，通过英语和计算机的相关资格证书考试，开始有选择地辅修、选修其他专业的知识以充实自己。

3. 大学三年级——提升期

阶段目标：提升职业技能，积累职业经验。

目标应该锁定在提高求职技能，收集公司信息以及确定自己是否要考研上。在撰写学术文章时，可以大胆提出自己的见解，锻炼自己独立解决问题的能力和创造性；参加和专业有关的暑期工作，和同学交流求职心得体会，学习写简历、求职信，了解收集就业信息渠道，了解往年求职情况；希望出国留学的学生，注意留学考试资讯，准备 TOEFL、GRE 等考试。

4. 大学四年级——冲刺期

阶段目标：充分掌握资讯，实现毕业目标。

此时，就业、考研或出国，必须作出抉择。大部分学生的目标首先应该锁定在工作申请及成功就业上，大学的最后一年要反思自己的职业目标是否明确，前几年的准备是否充分。其次要积极利用学校提供的条件，了解就业指导中心提供的用人单位信息，强化求职技巧，进行模拟面试训练。再次是要积极参加招聘活动，在实践中检验自己的知识积累，机遇只会青睐有准备的求职者。

范例一：

我的大学，我主宰
——我的大学学业规划书

我的优势特长：我性格活泼开朗，交际能力强，遇事沉着冷静，有一定的分析和判断能力，组织策划能力较强，能独立地完成一项任务。

爱好：读书，写读书心得，爱好体育运动，尤其是乒乓球和游泳。喜欢看NBA，喜欢赛场上为争取胜利全力竞争的氛围。喜欢听音乐，不开心的时候喜欢找朋友谈心。

我的劣势和不足：长时间做一件事容易浮躁，特别是自己不喜欢的事。有时说话做事情不考虑别人的感受。大大咧咧，丢三落四，情绪波动较大，遇事不喜欢跟别人商量，主观性强。

新闻行业现状与前景分析：在我国，文化传媒业是一个典型的朝阳产业，从发展趋势上看，也是一个高收入弹性产业。我国的文化传媒业目前还处于发展的初期，未来的市场空间很大，有很大的发展潜力。时代只要在发展，人们就必须关注新闻、关注国际民生；中国只要在进步，世界就必须开眼看中国的政策、中国的动态，所以新闻行业必须承担起观察时代脉搏的重任。新闻工作者是一个德才兼备的职业，我的解释就是铁肩担道义，妙手著文章。

一、思想和道德素养目标

大学四年中，要努力使自己成为一名有理想、有道德、有文化、有纪律的"四有"新人。思想要积极向上，充满热情。作为一名入党积极分子，要积极向党组织靠拢，争取早日加入中国共产党。肯定自己的言行举止，不人云亦云。有自己的思维方式和生活方式。

实现这一目标的措施：

生活态度积极，勇于面对挑战，关注周边生活百态，能区分是非善恶，多听取他人意见，调整自己的思想目标，及时弥补缺陷。另外，要多读书，开阔视野，联系实际，要善于思考，多做总结，沉淀积累下来的才是自己的东西。每隔半月向辅导员交一份书面的思想汇报，每个星期六自学马克思列宁主义。要关注国家动态，用党性的思维去分析发生的事情。

二、课程学习目标

（1）学好基础课，尤其是英语，特别是英语口语，要把英语作为一门交际工具，争取大二上学期通过四级，下学期过六级。

（2）能较熟练地掌握计算机基本操作，在大二时通过计算机二级考试。

（3）学好专业课，能很好地掌握基础的理论课，能熟练操作制作新闻节目的一些必要软件。

实现这一目标的措施：

（1）每天要记五十个英语单词，每三天做一套英语四级真题试卷。每天阅读英语文章一篇，在和同学交流的过程中，条件允许则尽量用英语交谈。

（2）大一暑假看一些关于计算机等级考试的书，配合电脑做一些实际操作，在大二下学期考计算机二级。

（3）上课认真听老师讲解专业知识，课后慢慢琢磨。到图书馆借一些辅助的书扩充自己的知识面，还要活学活用。抓住在广播台的锻炼机会，掌握一些实际操作的过硬本领，同时也为校园媒体的发展作出自己的贡献。

三、人文科学著作阅读目标

我喜欢读书，更喜欢读大家之作。我个人比较偏爱鲁迅，曾一度被他的人格魅力打动，喜欢他那种从文字中透出来的骨气和坚强。所以，我喜欢读书，读书中之人，读作者之意，体味他们最深层次的思想。人文科学著作，我偏爱中国近代大家之作和欧美文学名著，不求数量，哪怕一学期只读一本，只求自己思想上有较大的进步。要多读百科全书，争取掌握多方面的知识，精要精学，范要广通。

实现这一目标的措施：

多读小说、散文、人文传记。图书馆是个绝佳的地方。我喜欢图书馆，因为不管什么时候进馆，总能在里面找到属于自己的书，属于自己的位置。幸运的话，还可以在朝阳的位置，沐浴着阳光，读自己喜欢的书，不失为一种享受！

四、社会实践服务目标

在大学期间，应努力争取学校安排的外出实践的机会，增加社会实践经验，感受当下社会的总体氛围，这样自己才不会在思想上与社会隔离开来，而且能培养自己吃苦耐劳的品质。对于学新闻的我来说，实践经验就显得更为重要了，它对我以后的发展有很多好处。

实现这一目标的措施：

积极参加学校实践活动，努力进入好的团体。我在广播台和院报内担任记者，这是锻炼自己的一个绝好机会。我会把自己学到的专业知识和实践联系起来，用自己独特的视角，为广大同学提供最前沿、最及时的新闻报道，制作大家喜欢的节目，为同学服务的同时提高自己的专业水平，积累工作经验，为走上社会创造一个高的起点。

五、体能目标

大学四年始终要保持一副健康的体魄，身体是革命的本钱，没有健康的身体，一切就无从谈起。身体各方面的素质都要达到标准，保持身心健康。

实现这一目标的措施：

抓住一切可以锻炼的机会，尤其是体育课，要学好体育技能，坚持自己在体育方面的爱好，比如跑步、打乒乓球、篮球等。

水无点滴量的积累，难成大江河。

人无点滴量的积累，难成大气候。

没有兢兢业业的辛苦付出，哪里来甘甜欢畅的成功喜悦？

没有勤勤恳恳的刻苦钻研，哪里来震撼人心的累累硕果？

只有付出，才能有收获。

未来，掌握在自己手中。

范例二：

一、大 一

（1）认真学习数学，数学课程每学完一章要进行概括总结；英语基础课：每周背诵至少三篇英语课文，以增强语感，掌握文中出现的生词及语法。

（2）经常去图书馆借阅与商务、管理有关的书，关心目前商务的动态发展。

（3）扩展自己的阅读量，可以是艺术、自然、哲学等自己感兴趣的书籍。

二、大 二

大二的专业课程多了，要进一步加强自己的专业技能训练，这就要求我们有接受更高专业知识的准备。尽量将自己的一些课程转移到本学年，以减轻大三包括学习和就业在内的压力。

（1）通过进行习题练习，模拟真题训练，在大二上学期通过四级，注重英语口语能力。

（2）能较熟练地掌握计算机基本操作，在大二时通过计算机二级考试。

（3）暑假期间可尝试参加相关的社会工作，培养自己的合作意识、沟通能力、自我认识能力等；还应当在大学中学会最基本的几种能力：如信息收集能力与交往沟通能力、文字表达能力、计算机办公能力等。进一步了解专业的最新动态，也有利于自己将来走向社会。

三、大　三

（1）系统地概括总结相关的英语语法知识，过一遍四级、六级词汇，并在大三上学期通过六级。可以阅读一些外文原版书，增强语感，丰富关于英语美文的库存量。

（2）大三下学期结合自己所学的专业知识以及市场状况开始规划并确定自己将来的去向，或者着手了解考研的相关信息，准备考研。

四、大　四

进入总结阶段，重点任务是准备考研，意味着大学即将结束，但也意味着新的征程即将开始。要做好充分的准备工作，除了要准备考研的知识外，还要加强自己与社会的沟通能力，毕竟考研并不是人生的最终目的，也不意味着考了研就可以安枕无忧，它只不过是增强我们竞争力的筹码，所以这个阶段也不能一味地看重学习。另外，还要总结自己的大学阶段，看看哪些事情在规划内却没有做到，分析原因，找出解决问题的办法。

三、制定大学期间的成长成才规划

大学生成长成才规划主要是指对大学期间的学习、生活的计划和设计，内容涉及德、智、体、美等方面，重点是学习生活规划。要求每个学生立足现实、立足自身，制定实现个人成长成才的规划目标的可行性步骤，强化专业思想，明确奋斗目标和努力方向。

（一）养成良好的生活习惯

要成为一名优秀而有品位的成功人士，就要注意自己的生活细节，从点点滴滴的生活小事做起，严格要求自己，培养良好的生活习惯，努力加强自我身心修养。平时应尽量少吸烟、喝酒，因为吸烟、喝酒对我们的身体影响是很大的，它不仅影响我们的睡眠，更重要的是长期吸烟、饮酒会造成我们的免疫能力下降，使我们体质衰弱。平时我们要多参加一些体育运动，一来增强我们的体质，二来在运动中体验同学之间的合作，增加和团队之间的默契，并认识到自己在团队中是不可或缺的一部分。一种良好的生活习惯有利于身心健康，有利于培养高雅的心灵品格和严谨的生活作风，能使自己在人际交往中更加自在、更加自信、得体大方、如鱼得水。同时，严谨的生活作风还能养成严谨的思维习惯，使自己在处理工作和人生重大问题时不至于因为粗心散漫而犯大错。

（二）培养健康的兴趣爱好

爱因斯坦曾经说过："兴趣爱好是最好的老师。"的确，兴趣爱好是人们认识和从事活动的巨大动力，它使人的智力得到快速发展，眼界得到开阔，并使人善于适应环境，对生活充满热情。可见，兴趣爱好对人格的形成和发展起着巨大的作用。健康的兴趣爱好既是一种生活追求，更是一种精神力量。积极健康的兴趣爱好能够丰富大学生的精神内涵，激发大学生的精神力量，使大学生拥有良好的精神风貌、振奋的精神状态和高尚的道德情操，并朝着伟大的理想奋发向上。

（三）确立青春期正确的交友观

伴随着生理的变化，大学生的心理也经历着一个动荡不安的时期。由于心理发展的滞后，个体、成人及他人、社会等的准备不足，青春期似乎成了人生发展道路上的事故多发地段，值得大家深思和认真对待。心理咨询专家王娟说："进入青春期，人的性意识开始觉醒。青春期性的需求，主要表现在与异性交往中满足对异性的好奇心，以及释放性心理能量。正常男女间的交往有利于相互了解，消除男女之间的神秘感，还能够起到智力上互渗、情感上互慰、个性上互补和学习中互激的作用。善于与异性交往的青少年往往是开朗、活泼的，但一定要区分开友情和爱情，否则就会造成严重的后果。"

（四）努力提高综合素质

知识、能力、素质是大学生社会化的三大要素。知识是素质形成和提高的基础，能力是素质的一种外在表现，没有相应的知识武装和能力展示，不可能内化和升华为更高的心理品格。但是知识和能力往往只解决如何做事，而提高素质却可以解决如何做人。高素质的人才应该将做事与做人有机地结合，既把养成健全的人格放在第一位，又注重专门知识、技能和能力的培养，使自身得到全面、和谐的发展。因此，一名优秀的大学毕业生应把构建合理的知识结构、培养科学的思维方式、锻炼较强的实践能力和提高全面的综合素质统一起来，才能在择业、从业过程中立于不败之地。综合素质主要包括思想道德素质、专业素质、文化素质、身心素质四个方面。四者相辅相成、不可分割，其中思想道德素质是综合素质的灵魂和根本，文化素质、专业素质和身心素质则是基础。

（五）培养正确的世界观

如果想要在自己的人生旅程中立于不败之地，做出一番业绩，成为一个活得有意义的人，就一定要注意学习，培养正确的世界观、人生观和价值观。通过正确的世界观，把握客观规律，认清世界和中国终究要向哪里去；通过正确的人生观，懂得活着为了什么，要做一个什么样的人；通过正确的价值观，确立高尚、进步的价值追求，实现完美的人生价值。

四、制定职业生涯规划

对于每个人而言，职业生命是有限的，如果不进行有效的规划，势必会造成生命和时间的浪费。而作为一名大学生，若是带着一脸茫然踏入这个拥挤的社会，怎能满足社会的需要，何况还要占有一席之地？因此，每个同学都应该为自己已经确定的职业目标拟定一份规划，使自己为了这个目标，更有动力地去为之奋斗。

当你为自己设计职业规划时，你正在用有条理的头脑为自己要达到的目标规定一个时间计划表，即为自己的人生设置里程碑。职业生涯规划一旦设定，它将时时提醒你已经取得了哪些成绩以及你的进展如何。具体制定自己的职业生涯规划，可以从以下几个步骤出发：

（1）第一步：分析你的需求。

你也许会问：这一步应该怎么做呢？不妨试试以下两种方法：第一种是开动脑筋，写下 10 条未来五年你认为自己应该做的事情，要确切，但不要有限制和顾虑哪些是自己做不到的，给头脑留有充分空间。第二种更直接，完成这个句子："我死的时候会满足，如果……"想象你将不在人世，什么样的成绩、地位能让你满足。

（2）第二步：SWOT（优势/劣势/机遇/挑战）分析。

分析完你的需求，试着分析自己的性格、所处环境的优势和劣势，以及一生中可能会有哪些机遇？职业生涯中可能有哪些威胁？试着去理解并回答这个问题：我在哪儿？

（3）第三步：长期和短期的目标。

根据你认定的需求，自己的优势、劣势、可能的机遇来勾画自己长期和短期的目标。例如，如果你分析自己的需求是想授课、赚很多钱、有很好的社会地位，那么你可选的职业道路就会明晰起来。你可以选择成为管理讲师——这要求你的优势包括丰富的管理知识和经验，优秀的演讲技能和交流沟通技能。在这个长期目标的基础上，你可以制定短期目标来一步步实现。

（4）第四步：阻碍。

确切地说，写下阻碍你达到目标的障碍，以及所处环境中的劣势。这一定是和你的目标有联系的，可能是素质方面、知识方面、能力方面、创造力方面、财力方面或是行为习惯方面的不足。当你发现自己不足的地方，就要下决心改正它，这能使你不断进步。

（5）第五步：提升计划。

现在，写下你要克服这些不足的行动计划。行动计划要明确，要有期限。你可能会需要掌握某些新的技能，提高某些目前的技能，或学习新的知识。

（6）第六步：寻求帮助。

能分析出自己行为习惯中的缺点并不难，但要去改变它们却很难。相信你的父母、老师、朋友、上级主管、职业咨询顾问都可以帮助你，有外力的协助和监督会帮你更有效地完成这一步骤。

（7）第七步：分析自己的角色。

制订一个明确的实施计划：一定要明确你要做什么。那么，现在你已经有了一个初步的职业规划方案。如果你已在一个单位工作，对你来说进一步的提升非常重要，你要做的则是进行角色分析。反思一下这个单位对你的要求和期望是什么？作出哪种贡献可以使你在单位中脱颖而出？大部分人在长期的工作中趋于麻木，对自己所扮演的角色并不清晰。但是，就像任何产品在市场中都要有其特色的定位和卖点一样，你也要做一些相关的、有意义的、有影响的，但又不落俗套的事情，让这个单位知道你的存在，认可你的价值和成绩。成功的人士会不断对照单位的投入来评估自己的产出价值，并保持自己的贡献在单位的要求之上。

五、职业生涯规划注意事项

通过以上简单的步骤和原则，个人就可以设计职业生涯规划了。根据不同的情况，个人可以制定一个整体生涯规划，作为一个纲领性长期规划；或者制定一个 3~5 年的生涯规划，作为一种发展的中期规划；或者制定一个 1 年的生涯规划，作为一个可操作性强、变化较小的短期规划。有了规划生活就有了目标，不会迷失前进的方向。尤其要注意的是，职业生涯规划是人生规划的主体部分，是同个人、家庭和社会生活结合在一起的，是和个人追求幸福生活密不可分的。所以，制定职业生涯规划要和个人人生目标结合起来，要把职业生涯和家庭、社会生活结合起来。

个人职业生涯设计范文

范例一：

我已走到 20 岁的年轮边界，驻足观望，电子、网络铺天盖地，知识信息飞速发展，科技浪潮源源不绝，人才竞争日益激烈，形形色色的人物竞相出场，不禁感叹，这世界变化好快。作为一名学生，我不由得考虑起自己的未来。在机遇与挑战并存的未来社会里，我究竟该扮演一个什么样的角色呢？

未来，掌握在自己手中。由此，想起自己走过的岁月中的点点滴滴，不禁有些惭愧。我对自己以往在学业、文体、社团活动中的表现不是很满意。我发现自己惰性较大，平日里总有些倦怠、懒散，学习、做事精力不够集中，效率不高，态度也不够专注。倘若不改正，这很可能会导致我最终庸碌无为。想到这些，不由得让我大吃一惊。不过，我还有改进的机会。否则，岂不遗憾终生？俗话说，欲行千里，先立其志。否则，漫无目的的乱走一遭，岂不贻误时机，浪费年华？因此，我首先要把自己今后十年的目标大致计划一下，以便多一分力量鞭策、激励我在未知多变的人生旅途中稳健前行。

大学一年级力争各科平均成绩在80分以上。（1）学好学精一项专业体育技能（如篮球）。（2）积极参加体育运动，培养广泛的兴趣。（3）保持身体健康，精力充沛。（4）积极参加文艺活动。（5）利用两三年的业余时间学几段传统舞蹈或民族舞蹈。（6）每半年，利用业余时间学会、唱好数首自己喜欢且有意义的歌曲。

大学二年级力争各科成绩在85分以上。

大学三年级成绩优秀，争取评为优秀学生。

大学四年级一级目标：升本科，边学习边工作（若一级目标未实现，就转入二级目标，走入社会工作）。

大学五年级学业基本完成，全身心投入工作阶段。

十年后做一名专业技术出众、认真负责的技术人才，同时，注意研究新课题。

除此之外，在校期间目标规划如下：

（1）思想政治及道德素质方面：以马列主义、毛泽东思想、邓小平理论、"三个代表"重要思想为指导，树立正确的人生观、价值观、道德观、奋斗观、创业观，坚持正确的人生价值取向。定期递交对党的章程的学习、认识及实践，以及自己的言、行、感受的报告，争取早日通过审核，加入中国共产党。积极参加集体活动。

（2）社会实践与志愿服务方面：适时参加社会调查活动。适时参加安全义务献血、植树活动、青年志愿服务活动等公益活动。

（3）科技学术创新创业方面：扎实学习专业技能，同时，充分利用校内图书馆、校外图书城及网络信息，开阔视野，扩展知识范围，以此激发、开拓思路，尝试设计开展学术创新、科技创新。

（4）文体艺术、社团活动与身心发展方面：积极参加校内外文体艺术活动、校内社团活动、演讲赛、辩论赛、书画比赛等，以此充分锻炼胆量、能力，展示个人风采。积极参加身体锻炼，每周平均出操四次，每次半小时左右。

（5）技能培训方面：虽然省二级计算机考试已经通过，但这远远没有达到目标。因此，我决定本学期（即大二下学期）参加英语四级考试和与专业有关的能力资格考试并力争通过，大三第一学期参加英语六级考试并力争通过，大三第二学期参加全国计算机二级考试并力争通过。

（6）学业方面：平时，无特殊情况绝不迟到、请假，更不旷课，保证学习听讲时间及学习质量。除去上课时间，应充分利用课余时间。除去必要适可的身体锻炼、娱乐活动及休闲时间外，均应安心、踏实、专注地攻读专业书籍及其他类别的实用书籍。学习时应注意预习、听讲、复习、综合分析对比联系，以及所用时间比例。知识积累不仅应做到广、博，更应做到专、精，力争毕业时获得"优秀毕业生"称号。

计划定好固然好，但更重要的，在于具体实施并取得成效。这一点时刻都不能忘记。任何目标，只说不做到头来都只会是一场空。然而，现实是未知多变的。制订出的目标计划随时都可能受到各方面因素的影响。这一点，每个人都应该有充分心理准备。当然，包括我自己。因此，在遇到突发因素、不良影响时，要注意保持清醒冷静的头脑，不仅要及时面对、分析所遇问题，更应快速果断地拿出应对方案，对所发生的事情，能挽救的尽量挽救，不能挽救的要积极采取措施弥补。相信如此一来，即使将来的作为和目标相比有所偏差，也不至于相距太远。当然，这只是我个人观点，若有不当之处，敬请大家指出或补充，在此感谢！

范例二：

一、前　言

在今天这个人才竞争的时代，职业生涯规划开始成为在人才争夺战中的另一重要利器。对企业而言，如何体现公司"以人为本"的人才理念，关注员工及其持续成长，职业生涯规划是一种有效的手段；而对个人而言，职业生命是有限的，如果不进行有效的规划，势必会造成生命和时间的浪费。因此，我试着为自己拟定一份职业生涯规划，将自己的未来好好的设计一下。有了目标，才会有动力。

二、自我盘点

我是一个当代本科生，性格外向、开朗、活泼，业余时间爱交友、听音乐、外出散步、聊天，还有上网。我喜欢看小说、散文，尤其爱看杂志类的书籍，心中的偶像是周恩来；平时与人友好相处。喜欢创新，动手能力较强，做事认真、投入。但是，我缺乏毅力、恒心，学习是"三天打鱼，两天晒网"，以致一直不能成为尖子生。有时多愁善感，没有成大器的气质和个性，而且在身高上缺乏自信，且害怕别人在背后评论自己。

三、解决自我盘点中的劣势和缺点

所谓江山易改，本性难移，虽然恒心不够，但可凭借那份积极向上的热情鞭策自己，久而久之，就会慢慢培养起来。充分利用一直关心支持我的庞大亲友团的优势，真心向同学、老师、朋友请教，及时指出自身存在的各种缺点并制订出相应计划加以改正。经常锻炼，增强体质，以弥补"海拔"不够带来的负面影响。

四、未来人生职业规划

根据自己的兴趣和所学专业，在未来应该会向化学和英语两个方面发展。围绕这两个方面，本人对未来五十年作初步规划，如下：

（1）2004—2009 年为学业有成期：充分利用校园环境及条件优势，认真学好专业知识，培养学习、工作、生活能力，全面提高个人综合素质，并做好就业准备（具体规划见后）。

（2）2009—2012 年为熟悉适应期：利用三年左右的时间，经过不断的尝试努力，初步找到合适自身发展的工作环境、岗位。主要完成以下三方面内容。

①学历、知识结构：提升自身学历层次，从本科走向研究生，使专业技能熟练。英语四级、六级争取拿优秀，普通话过级，且拿到英语口语等级证书，开始接触社会、工作以及熟悉工作环境。

②个人发展、人际关系：在这一期间，主要做好职业生涯的基础工作，加强沟通，虚心求教。

③生活习惯、兴趣爱好：适当交际的环境下，尽量形成比较有规律的良好个人习惯，并参加健身运动，如散步、跳健美操、打羽毛球等。

（3）2012—2053 年，在自己的工作岗位上，踏踏实实的贡献自己的力量，拥有一个完美的家庭。

五、结束语

计划固然好，但更重要的，在于具体实践并取得成效。任何目标，只说不做到头来都会是一场空。然而，现实是未知多变的，制订出的目标计划随时都可能遭遇问题，对此，要有清醒的认识。其实，每个人心中都有一座山峰，雕刻着理想、信念、追求、抱负；每个人心中都有一片森林，承载着收获、芬芳、失意、磨砺。一个人，若想获得成功，必须拿出勇气，付出努力、拼搏、奋斗。成功，不相信眼泪；成功，不相信颓废；成功，不相信幻影。未来，要靠自己去打拼！

六、获取与职业相关的证书

在确定了职业生涯目标以后，想实现自己的职业生涯目标还必须有相应的职业生涯策略，其中获取与职业相关的证书是必不可少的。预计成功实现未来目标需要何种知识、技能，并事先设计好以何种方式去获得能证明这些知识与技能的相关的证书是尤为必要的。证书的获得，其实也是相应的教育和培训计划的制订及延续。

（一）获取与职业相关的证书的意义

对于新生来说，在迈入大学门槛之时，新一轮竞争便已悄然开始。由于大学毕业生就业的"担子"较重，在比拼毕业证书的同时，职业证书已成为另一个重要砝码。良好的开端等于成功的一半，在大学学习的同时考一个职业证书已被纳入不少目光长远的学生的学习计划。

1. 能适时提高专业技能

如果当初在学校里学的是基础学科，应用性不强，尽管这种专业知识的短缺还未直接影响到当前的工作，但是，缺乏专业背景和正规培训，肯定是履历表中的一个弱项。应该尽快选择一个与从事职业相关的专业，赶紧补补课，以提升自己的专业技能，增加职场竞争力。

2. 能及时刷新知识结构

知识的更新速度是飞快的，职业生涯本身就是一个不断深造、不断积累、不断提升的过程。如果不学习，不接受新事物，不用新近出现的知识、技术武装自己，当新技术普遍运用时，你就有可能被淘汰掉。职场中人，要想在日新月异的行业中求得发展，就必须主动及时更新自己的知识结构，掌握最新的技能、技术，获取证书，为自己职业的发展补充新鲜血液。

3. 能及时为转型做准备

"技多不压身"，在变化不断的职场上，很多即使已身为高级主管的高端人才，也会有危机感，所以，获取新的证书是职场人的必然选择。理性的职场人，都会为自己的职业发展作切实可行的规划，而获取新的证书计划是职业规划中不可缺少的重要组成部分。在职场选择中站在十字路口徘徊的人，更应该通过及时获取新的证书，找到适合自己的职业、岗位，走出职场的困惑期。

（二）多方面获取相关证书

据了解，目前职业证书种类繁多，供学生选择的机会很多，教育主管部门和学校为了提高学生的就业竞争力，纷纷把原本单独举行的社会考试职业培训体系引入校园。对此，进行良好的职业规划，成为学生需要首先考虑的问题。参加考证需要耗费学生大量的时间和金钱，因此学生在选择认证证书时，要从证书的社会认知度和含金量两个方面来考虑。

社会认知度是指证书是否被用人单位接纳，接纳程度如何，以及企业能否通过证书直接确定量裁应聘者的量化机制（所谓量裁是针对应聘者的证书直接可以确定应聘者学到什么技能，该拿多少薪水等）。含金量则是证书的定位是否准确，是否能够针对特定的技能。那些定位过于宽泛的证书，表面上看对应面很广，实际上用人单位认为广而不精。

证书的选择方面应量力而行。选择证书要根据自己的实际情况和精力来选择，可以选择参加一个或者几个认证考试，但时间分配一定要合理，不能为了考证而把主要的专业学习给耽误了。选择时可根据自己日后可能从事的工作来确定，或根据社会迫切需要的人才要求来选择，也可以根据自己的个人爱好以及在学校所学习的专业来选择。总之，选择的认证考试要对将来的工作有帮助，否则获得的认证证书再多，如果日后根本就用不上，只会白白浪费大学时期宝贵的专业学习和锻炼机会。

（三）常用证书及获取方法

常用证书包括：物流师资格证、出版专业技术人员职业资格证、卫生专业技术资格证、执业医师和执业助理医师资格证、报关员资格证、企业信息管理师资格证、国际商务策划师。

1. 如何获取物流师资格

考试信息： 根据规定，本专业和相关专业的学生可在本科学业的最后一年直接参加考试，非本专业或相关专业的学生在本科学业的最后一年接受本等级的规定学时培训后，方可参加考试。合格者由认证中心出具证明，等申报人员取得学位证书后凭证取得物流师证书。［注：相关专业是指所学专业为电子商务、交通运输、交通管理工程、国际贸易和其他专业（物流方向）］。

考试时间及费用： 该证书全国统一考试，每年四次，时间分别安排在3月、9月、12月份最后一周的周六和6月份第三周的周六。助理物流师资格培训费为1 600元/人；物流师资格培训费为2 100元/人；考试费均为350元/人。

报考建议： 学生可以报考助理物流师和物流师两个职业等级。

2. 如何获取出版专业技术人员职业资格

考试信息：根据规定，凡符合报名条件的考生，先由本人提出申请，提交有关报名材料。出版专业技术人员职业资格考试每年举行一次，考试日期定于每年 10 月。初级考试各个科目均由客观题和主观题两部分组成，客观题部分在答题卡上作答，主观题部分在答题纸上作答。

报考建议：学生可以考取初级资格证书。取得初级资格，作为从事出版专业岗位工作的上岗证，可根据有关规定，聘任助理编辑（助理技术编辑或二级校对）职务。

3. 如何获取卫生专业技术资格

考试信息：该项考试每年举行一次，考试成绩实行两年为一个周期的滚动管理办法，考生应在连续的两个考试年度内通过该专业全部科目的考试。

报考建议：学习医疗、预防、保健、药学、护理和其他卫生技术专业的学生均可参加初级认证，认证的专业包括临床医学、预防医学、药学、护理、技术。

4. 如何获取执业医师资格和执业助理医师资格

考试信息：考试分为两级四类，即执业医师和执业助理医师两级；每级分为临床、中医、口腔、公共卫生四类。中医类包括中医、民族医和中西医结合，其中民族医又含蒙医、藏医和维医三类，其他民族医医师暂不开考。到目前为止，我国医师资格考试共有24 种。

实践技能考试采用多站测试的方式，考区设有实践技能考试基地，根据考试内容设置若干考站，考生依次通过考站接受实践技能的测试。每位考生必须在同一考试基地的考站进行测试。

医师资格考试医学综合笔试于 9 月中旬举行，具体时间以卫生部医师资格考试委员会公告时间为准。公共卫生执业医师资格考试时间为两天，分四个单元。

医学综合笔试全部采用选择题形式。采用 A 型和 B 型题，共有 A1、A2、A3、A4、B1 五种题型，公共卫生执业医师资格考试总题量约为 600 题。

报考建议： 具有高等学校医学专业本科以上学历，在执业医师的指导下，在医疗、预防、保健机构中试用期满一年的，可以参加考试；取得执业助理医师执业证书后，具有高等学校医学专科学历，在医疗、预防、保健机构中工作满两年的；具有中等专业学校医学专业学历，在医疗、预防、保健机构中工作满五年的，可以参加考试。

5. 如何获取报关员资格

考试信息： 全国报关员资格统一考试采用网上报名、网上确认、网上制证、网上查询的方式进行。考试科目为报关业务基础、外贸业务基础和基础英语。每年海关总署都会公布相应的考试大纲，经常会为考试内容作适当的调整。考生主要参考的书籍为《报关员资格考试教程》（上、下册）、《进出口商品名称及编码》和《报关员资格考试辅导教程》以及当年的调整补充材料。该证书的考试费用为 90 元。

报考建议： 大学毕业生都可以参加报关员考试。

6. 如何获取企业信息管理师资格

考试信息： 信息技术、企业管理、法律法规。分为理论知识考试和专业技能考核两部分。理论知识考试采用闭卷笔试方式；专业技能考核采用笔试与计算机上机操作相结合的方式。理论知识考试和专业技能考核均实行百分制，成绩皆在 60 分以上为合格。理论知识考试、专业技能考核的合格成绩两年内有效。详细信息可向北京金谷田经济顾问有限公司（劳动和社会保障部指定该项认证的技术支持单位）咨询。

报考建议： 根据规定，具有信息管理专业或相关专业大学本科学历或同等学力，并取得毕（结）业证书的学生可以报考助理企业信息管理师。

7. 如何获取国际商务策划师资格

证书简介：该证书是由人事部全国人才流动中心和世界商务策划师联合会共同推出的认证体系。按照世界商务策划师联合会（WBSA）《WBSA 个人认证规范》的规定：初级商务策划师（企划员）在策划思维方面主要应具备整理能力；在策划工作方面主要应具备技术性参与策划的能力。整理能力包含整理知识和整理技能两方面；整理知识包括信息收集、编辑、存档以及企业管理基础等；整理技能包括网络系统的应用、可行性报告的规范写作、市场调查问卷的设计、企业宣传材料的设计和印制等。技术性参与策划就是在一个综合性策划项目或其主要子项目中，负责信息的收集、分析、整理、发布等相关工作。

报考建议：通过培训使在校的高年级大学生基本具备技术性参与策划的能力。

尽管现在很多证书开始进入校园，给学生很多选择的余地，也能够在一定程度上提高学生的实践能力，但总的来说，走入校园的职业资格认证体制对实践方面的培养可能仍有不足。即使是很多模拟现场操作，也是事先设计好的，和实际工作场景有很大出入。而且实际工作中可能遇到很多意想不到的问题，对这些突发事件的处理方法才是学生最需要学习的。对此，为了弥补自身实践经验的缺乏，建议学生可以在学习课程时，到相关岗位进行实习。同时，现在很多学生为了考证，往往把原本应该学习的专业课抛于脑后，到头来得不偿失。学生参加校外认证，因为所学课程和学校学习内容完全脱节，而且是在相对比较紧的时间内要完成培训，这必然会使学生在权衡之下先选择校外认证培训，这可能会直接影响到专业课学习。因此，建议同学们在选择自己想要获取的证书的时候，多向学校老师或者专业人士咨询，避免盲目考证。

如何取得注册理财规划师 CFP 资格证照？

取得注册理财规划师（CFP）资格证照，必须具备4个"E"，即：教育（Education）、考试（Examination）、经验（Experience）、操守（Ethics）。

教育，指学员需通过指定的注册理财规划师基本课程教育。作为理财规划师，必须具备跨行业的知识，即包括理财策划、投资、保险、税务、退休计划和员工福利等，而且需要对国际和本国的法律法规都必须比较清楚地了解和掌握。

考试，除注册会计师（CPA）、特许金融分析师（CFA）等专业证书持有人，商学、经济学、管理学博士，以及执业律师可以直接报考外，所有学员必须通过课程教育才能报考注册理财规划师资格考试。

经验，通过上面的理财规划知识考评，结合教育与经验，才可以确保理财规划师具备适合的专业能力。在经验方面，中国注册理财规划师协会理事会要求申请人最少有三年的相关工作经验，无学士学位者则要六年以上。

操守，证书申请人同意遵守第四个"E"（操守）的规定和要求，便可申请成为注册理财规划师。但由于经济环境的变化会对理财规划的知识和专业能力产生新的要求，所以为了保证理财规划师的持续胜任能力，理财规划师还必须按照持续进修制度接受后续教育。

考取 CFP 证照的步骤

学员需完成注册理财规划师资格考试，及具备三年（学士学位持有人）或六年（非学士学位持有人）与理财规划相关的工作经验，便可申请理财规划师（CFP）资格。学员获取资格后会自动成为中国注册理财规划师协会会员。

申请并获得"金融理财规划师"（AFP）

学员完成理财规划基础知识、投资学和理财规划工作要求，并通过考试，及具备三年（学士学位持有人）或六年（非学士学位持有人）与理财规划相关的工作经验，便可申请金融理财规划师（AFP）资格。学员获取资格后会自动成为中国注册理财规划师协会普通会员。

申请并获得"CFP理财规划师"

学员完成6个单元课程并通过考试，在同时具备经验与专业操守的基础上申请并获得CFP注册理财规划师，成为中国注册理财规划师协会注册执业会员。

六、职业生涯规划的反馈、修正

前面内容已经将实现职业生涯总目标分解成一个个阶段性的目标，并制订了实现这些目标的行动方案。但是在一个如此漫长的职业生涯中，如果没有及时对每个阶段进行反馈、修正，那么我们就无法知道目标的实现情况，也就无法确定下一步该怎么走了。因此，制订出合理的评估标准是十分必要的，它能够对职业生涯规划实施过程中的失误作出及时的反馈与修正。

（一）大学生职业生涯规划的反馈

1. 反馈的意义

俗话说："计划没有变化快"，任何计划都不可能是永远不变的，而是应该带有一定的灵活性，所以在实现自我的职业目标过程中，要善于发现变化并适应变化，要不断地调整自己的计划，为自己重新定位，以求找到适合自己的最佳位置。反馈能够使人们重新认识形势，分析自我。

2. 反馈的策略

（1）以职业生涯的目标为基点进行反馈。

职业生涯的目标一旦确定，就不要轻易更改，我们应本着这样的原则，即对职业生涯的反馈应本着职业生涯的目标为基点进行反馈。

（2）把握反馈的时间。

在每个阶段结束，下个阶段开始前进行反馈，只有这样，反馈才能起到指导下一阶段目标实施的作用。

（3）重视反馈的过程。

事物始终处于运动变化中。由于自身及外部环境条件的变化，职业生涯规划也将随着时间的推移而变化。因此，过程是反馈中一个必不可少的因素。

（4）获取反馈时只对事，不对人。

反馈的目的是使人更好地发展，不仅仅是对过去一个阶段的总结，更重要的是它要结合过去对未来进行指导、预测。只对事，不对人能更好地促进人的全面发展。

（5）合理选择需要反馈的信息。

对于需要反馈的信息需要合理的选择，从而更好的指导实践的发展。

（6）正视消极信息的反馈。

反馈中必然有消极的反馈信息，对于此类信息，要加以选择，同时结合实际，看是否出现错误。切不可因为一些错误的消极信息而改变自己的原定目标。

（二）大学生职业生涯的修正

1. 修正的意义

修正能够针对自己需要提高的方面，从课堂培训、自学、辅导与教练、行动学习等多种学习方法中找到最佳方式，行之有效地缩小与目标的差距。

2. 时间的修正

目标的实现在一定程度上是要依赖环境的，而环境又是随时变化的，所以在反馈、修正时要考虑到这些变化因素，进行弹性评估。故应针对不同的情况，在时间上作出修正。

3. 成本的修正

当目标的实现与预期成本不相符合，同时经过分析研究仍然不能实现时，我们需要对成本作出修正，使成本符合预期，并确保能够达到目标。

4. 目标的修正

对目标进行修正的成本是巨大的，有时候意味着之前所做的事情在很大程度上是无用的，在对目标的修正上一定要经过仔细分析，找专家咨询后再进行修正。

职业生涯规划不是制定后就一劳永逸的事情，需要不断检查、微调，必要时还可能做"大手术"。摩托罗拉公司有一项每季度都要开展的叫做 IDE（员工个人尊严）的员工调查。这项调查每次都是固定的六个问题。其中的一个问题是："您是否了解您的职业前途，并且它会令您受到鼓舞、切实可行，而且正在付诸行动？"就是提醒员工要不断思考自己的职业生涯和发展。

总之，在职业生涯这条路上，时间会很漫长，道路会很曲折，过程会很艰难。但我们相信，我们将会有足够的勇气走下去。有人说，职业生涯就是一场有目的的人生旅行，重要的是努力，奋斗的是路线，确定的是景点，实现的是目标，但最关键的是方向。因为在职业发展上，重要的不是你现在站在哪儿，而是你下一步要迈出的方向。在执行计划过程中不断地通过反馈与修正来把这些目标转化成现实的行动实践。相信每天进步一点，就可以改变自己的生命。

第二章 大学生就业心理调适

高等教育改革发展到今天，最为明显的特征是把大学生的就业彻底推向了市场，实行了大学毕业生与用人单位的双向选择。这既是市场经济发展的需要，也是社会发展的一种进步。因此，那些计划经济体制下的"天之骄子"几乎在一夜之间被市场经济的大潮由浪尖推到谷底。大学生就业，一个严峻的社会现实无情地摆在我们的面前。然而与此同时，即将走出校园的大学生们突然发现，面对择业，心理是复杂而且多变的，难免出现这样或那样的心理矛盾、心理误区、心理障碍等心理问题，如果这些心理问题不能得到及时的调适和化解，将会对大学生的就业乃至人生造成许多负面影响。

第一节 就业中常见的心理问题

一、求职过程中常见的心理问题

(一) 焦虑心理

焦虑心理主要表现为恐惧、不安、忧虑及某些生理反应。大学生就业焦虑心理的一种特殊表现就是焦躁。就业是大学生走出校门走向社会的第一步，是他们人生中的一次重大转折。面对纷繁复杂的社会，面对日趋严峻的就业形势，面对日益激烈的就业竞争，面对国家需要、个人意向、有限的供职岗位、多样的工作环境等多元因素影响的职业选择，如何作出正确的抉择，是每一个涉世不深、社会经验缺乏的大学生最为困惑的难题。急着找单位，急着签约，急着办各种手续，在对用人单位信息掌握较少或不完全了解用人单位的情况下，就匆匆签约，常常事倍功半甚至事与愿违。

（二）自卑心理

自卑是一种缺乏自信心的表现，自卑常和怯懦、依赖等心理交织在一起。一些大学生自我评价过低，过低评估自己的知识能力水平。表现在就业过程中，有的大学生对自己缺乏信心，过于拘谨，缩手缩脚，优柔寡断，不能向用人单位充分展示自我，从而坐失良机；有的大学生因为学历、成绩、能力、性格方面的某些缺陷和不足而丧失了勇气，悲观失望、抑郁孤僻、不思进取，觉得自己事事不如他人，不敢参与就业竞争。

（三）孤傲心理

孤傲是缺乏客观自我分析和自我评价的表现。一些大学生受陈旧观念的影响，以"天之骄子"自居，自认为高人一等，或自我评估过高，过高估计自己的知识和能力水平。认为自己各方面条件不错，哪个用人单位录用了自己是这个单位的荣幸。在择业过程中，有的大学生好高骛远、自命不凡、眼高手低，给用人单位留下浮躁、不踏实的印象，不受用人单位的欢迎；有的则就业期望过高，择业脱离实际，怕吃苦、讲实惠，不愿到基层和艰苦地区等需要人才的地方工作，择业目标与现实之间存在着巨大的反差。

（四）冷漠心理

冷漠是遇到挫折后的一种消极心理反应，是逃避现实、缺乏斗志的表现。一些大学生对就业形势认识不足，择业严重受挫，心中感到前途渺茫，信心丧失，转而不思进取、情绪极度消极低落，情感淡漠，沮丧消沉，自谓看破红尘，决意听天由命。这是一种逃避现实，缺乏斗志的消极表现，此种心理与就业的竞争机制格格不入，对大学生择业、就业十分有害，需认真咨询求助。

（五）怯懦心理

怯懦是一种胆小、脆弱的性格特征。多见于一些女大学生和性格内向或抑郁气质类型的大学生。表现为在面试的时候语无伦次、张口结舌、支支吾吾、答非所问，从而影响到面试的效果，进而影响择业。

除了上述的主要心理问题外，其他常见的心理问题还有问题行为、生理化症状（就业综合征）等。

二、造成毕业生就业心理问题的原因

（一）造成毕业生就业心理问题的客观原因

1. 大学生面临的就业形势越来越严峻，竞争的压力愈来愈大

1999 年开始的高校扩招最直接的影响是使得数百万人享受到了高等教育的机会，公众对高等教育的渴求得到了较大程度的满足，进而促进了人与人之间教育机会的均等。2001 年全国高校毕业生只有 115 万，而 2008 年达到了 559 万，是 2001 年的 5 倍多。然而，从 2001 年到 2008 年，全国高校毕业生平均就业率始终只有 70% 左右。根据教育部的统计，大学本科毕业生待业人数逐年增长：2001 年是 34 万人，2002 年是 37 万人，2003 年是 52 万人，2004 年是 69 万人，2005 年达到了 79 万。而 2009 年全国高校毕业生预计总人数将达到 611 万。

2. 国家人才资源配置体系的建设则显得滞后而缓慢

政府为拉动经济的增长而利用民众对接受高等教育的强烈的社会心理需求，扩大高等教育规模，使中国早日成为教育大国，最终达到科教兴国的目的。这固然是好事，大规模的扩招对我国成为教育大国在数量上确实起到推动作用，但是，在高学历人才数量与日俱增的同时，人才资源配置体系的建设则显得滞后。因此，国家在扩大高校招生规模的同时，应注重培养学生的质量，还要充分考虑他们的就业问题，因为"人才是通过教育成长、通过就业合理配置发挥作用的"，"教育—人才—就业"是形成 21 世纪综合国力的核心竞争力的链条。因此，对于国家来说，关键是如何解决高校扩招与高校人才培养机制间的矛盾和如何协调市场需求与高校人才培养定位间的矛盾这一系列问题。

3. 地区发展不均衡

我国长期经济增长与就业增长存在不一致的现象，西部地区GDP 变动对就业的影响更为明显。因此，应适时进行经济增长方式的转型，选择就业增长优先的发展战略。经济增长目标应首先服从于就业优先的目标，积极创造就业机会，使经济增长能够促进就业增长，在实行经济结构调整时，必须考虑到由此导致的失业后果及其宏观经济损失。

4. 就业市场还存在着一些不公平与不规范的现象

就业市场发育不良对大学生的就业造成多方面的损害。在中国的就业市场上，一方面是片面的人才观、用人观造成了学历崇拜与学历歧视并存，直接降低了大学毕业生与就业机会的有效匹配，也造成了人力资源的巨大浪费，扭曲了正常的人力资本投资行为。另一方面则是各种非正常现象的影响，破坏了就业市场的公平性，人际关系客观上在我国现阶段的就业中起着非常重要的作用，就业机会的不公平不仅表现在大学生之间，也表现在大学生群体与其他群体之间。正是由于有关部门未能有效地维护就业市场的公平竞争，导致了本来应当最具就业竞争力的大学毕业生反而成了特殊的就业弱势群体，这是就业市场异化的直接结果。但由于劳动就业法制不完善，就业市场发育不健全，包括某些潜规则的存在，造成了劳动力供求有效匹配的下降。如在就业市场上存在很多歧视现象，包括女大学生受到性别歧视、年龄偏大的受到年龄歧视、学历层次低的受到学历歧视、外地大学生受到地域或户籍歧视等。种种歧视现象实际上是与市场经济及社会发展对优化配置劳动力资源的要求是相背离的，它扭曲了就业市场，在一定程度上使本来意在优化配置劳动力资源的就业市场走向异化。

5. 用人单位的附加条件越来越多

用人单位除了对专业知识的要求外，普遍增加了一些附加条件，有的明白写在纸上，有的则是在洽谈中提及。而这些附加条件，看似附加，实际是拒人于门外的一个关键条件。具体有以下三个方面：一是男生走俏女生愁。在一些单位的招聘启事上，经常可以看到一些令女生失望的性别限制，而且这种性别限制面又很宽。一些单位代表谈到性别限制规定，似乎也显得很无奈。女生工作细致，但吃苦精神不够，进取心不强，尤其是在业务员等一些特殊岗位上，女性劣势多，譬如出差，就很不方便。出现性别限制，还并不只是那些供过于求的专业，即便是供不应求的热门专业，这种情况依然存在。二是"靓仔"、"美眉"成宠儿。北大有一位教授曾经说过：北大培养的学生，多是气质和风度压人。可以说，这是一句适合于当前毕业生就业市场的格言。事实上，有不少单位在聘用大学毕业生时，都会考究大学毕业生的风度与气质，而且在启事中特别注明了对仪表和身高的要求。一些身高、仪表有优势的学生便成为宠儿。针对这一情况，一些厂家坦言，因为现在许多工作都是外向型的，有端庄的仪表更有利于开展工作。何况现在就业市场又是供大于求，他们当然愿意各方兼顾，为用人单位挑选更优秀的人才。三是社交水平成条件。一些单位除了标明专业要求外，还特别注明要有较强的社会活动能力。之所以这样，是因为所招人才不是传统意义上的人才，而是既懂技术、又懂营销的新型复合型人才。要发展，就要面向市场。因此，在保险、律师事务所、酒店、旅行社等市场化程度很高的企事业单位的招聘中，都有这一要求。

（二）造成毕业生就业心理问题的主观原因

1. 归因不当问题

我们的毕业生中有部分同学，把就业中的困难一味地归咎于社会。中山大学高教所张明强教授认为："企业对大学应届毕业生的评价普遍不太高，他们觉得这些应届生们要求多，但不能吃苦，缺乏动手能力和团队精神，所以很多企业就更青睐有工作经验的人才。而另一方面，学生则抱怨企业开的薪水低，要求苛刻，他们当中的许多人就盲目地去考证，以增加择业的砝码。"

就人生阶段而言，大学生群体正在步入成年期，正处于"第二次心理断乳期"、"边缘人"地位和"心理延续尝负期"，集多种特殊性于一身，多重价值观和人格的再构成是大学生就业心理问题形成的内因，社会、学校、家庭等外部环境是大学生诱发就业心理问题的外因。

（1）自身因素。

我国高等教育已进入大众化阶段，可是大学生择业认知心理却依然停留在精英化阶段。首先，面对强大的就业压力，他们普遍表现出焦虑抑郁心理和自负依赖心理；其次，由于社会阅历较浅，心理发展尚不成熟稳定，不能正确认清自我，容易产生自负偏执心理和从众攀比心理；再次，初次就业时，过分理想化，心理承受力差，稍微遇到点困难或不满意就表现出随意矛盾心理，在择业、就业、"跳槽"和再就业的循环中反复徘徊。

（2）社会因素。

传统就业观念，"官本位"思想根深蒂固。不少大学生不顾自身条件，热衷于考研、考公务员，一心想"端铁饭碗，吃皇粮"。

就业市场缺陷。全国的就业市场五花八门，毕业生和用人单位入市成本较高；人事管理制度仍带有较强的计划体制色彩，毕业生异地就业派遣、落户口、接档案，劳动保障和社会保险等方面还存在种种壁垒。另外，大学生招聘或使用过程中，凭关系、走后门、搞暗箱操作等不公平竞争也时有发生。

用人单位制度性问题。不少单位过分强调工作经验，不接收女大学生，甚至还有身高和体貌等方面的限制；有些单位劳资政策不透明，钻国家政策空子，工资薪酬、福利待遇、劳动保障、社会保险等随意性很大。也有单位重招聘、轻培养，对招用的大学生，缺乏人文关怀，这也是大学生频繁跳槽的原因之一。

2. "有业不就"问题

目前许多毕业生已与用人单位签订了就业协议，但仍有部分学生还在找寻观望。实事求是地说，这部分人中有的是确实未找到合适的单位，有的则是"有业不就"。一位高校负责就业的同志说，目前大学生就业工作难，就难在"有业不就"这儿。所谓"有业不就"的这部分人，实际上有许多岗位都十分需要他，只不过这些岗位离他们心目中的"理想"工资、待遇有所差距，面对工作挑三拣四，最后坐失良机。

脚踏两只船，咎由自取

[案例] 某毕业生用学校发的协议书跟 A 单位签了约，又擅自用考取研究生的同学的协议书跟 B 单位签约，B 单位协议书已到学校盖章签证，该生后反悔又想去 A 单位，不得已，只好到 B 单位谎称学校要其将协议书取回补办手续，并保证什么时间之前一定办好，B 单位也相信他，将协议书全部还给了他，而他本人一拿到协议书即到学校又谎称是该单位欺骗了他，解决不了户口问题将其退回，要求学校在 A 单位协议书上盖章，学校为谨慎起见，出面与 B 单位联系，得知该生有不诚实的行为，对其作出严肃批评，并责令其向该单位道歉，请求谅解。谁知该生以学法律专

业自居，声称单位没有任何证据（即协议书不在手），B单位一气之下，一个电话告到学校：状告该生行为太不像话，欺骗单位，又欺骗学校，道德品行败坏，希望学校给予严厉处分，否则将影响学校的声誉。最后，该生以"声败名裂"告终。

[分析] 签约是一件非常严肃的事情，各方一经签字盖章即具法律效力，任何一方都有履行协议的责任和义务，不得随意变更协议。上述案例中的学生违背了诚信原则，知法违法，多头签约，且到处撒谎，逃脱责任。这是一种极不道德的行为，既损害了自己利益，又败坏了学校的名声。

3. 不能客观评价自己

我们的毕业生中，有的自卑，有的过于自负。

信心不足，缺乏主动

[案例] 毕业生小刘学习成绩和其他方面条件都不错，在就业的初期满怀信心。但由于专业冷门等原因，找了几家单位都碰了壁，结果产生了自卑感，在后来的择业过程中表现越来越差，陷入恶性循环而不能自拔，以致到了新的用人单位那里，只能被动地问人家："学某某专业的要不要"，其他什么话都不敢讲，最终未能落实就业单位。

[分析] 小刘的失败是由于自卑心理在作怪。在择业遭受挫折后，一蹶不振，对自己评价过低，丧失了应有的自信心，择业时缺乏主动争取和利用机遇的心理准备，不敢主动、大胆地与用人单位交流，也就不能很好地表达自己。越是躲躲闪闪、胆小、畏缩，越不容易获得用人单位的好感。这种心理严重妨碍了一部分毕业生正常的就业竞争，使得那些原本在某些方面比较出色的毕业生也陷入"不战

自败"的困境。

4. 攀比从众、盲目跟风的问题

现在毕业生的就业时间较以往普遍提前，往往从大四的上学期开始就有用人单位陆续进校招聘，由于一开始进校招聘毕业生的用人单位一般都是经济效益比较好的单位，无论在待遇、地域，还是在影响毕业生今后发展的机遇等方面都有非常明显的优势。这些单位录用一部分毕业生后，其他同学就会进行攀比，在以后接触招聘单位时，他们就会自觉不自觉地拿眼前的单位与前面的单位比，拿自己和同学比，待遇不相当不去，地域不理想不去，机遇不明朗不去，结果错过了许多就业机会。多数人喜欢的工作一定是好工作，这是一种缺乏主见和自信的从众心态，自己能做什么，喜欢做什么，不清楚；有时即使清楚，看到大多数人在朝某一方向努力，于是也改变初衷，跟着别人后面跑。他们认为大多数人喜欢的工作，一定是好工作。这种择业心态需要及时纠正。因为职业选择的特征是如何实现个人知识、技能、特长与用人单位需求之间的最佳匹配，在这里需要突出的主要是个性，而不是共性，只有使个人的个性和潜能得到充分发挥，才有可能在事业上取得别人无法达到的成就，才能充分实现自己的人生价值。每个人生活的环境、家庭背景以及能力和性格，遇到的机遇是不尽相同的，因而在择业目标、职业选择上不具有可比性，但青年大学生血气方刚，易争强好胜，虚荣心较强，在求职过程中，容易引发攀比心理。忽视自身特长，盲目跟风。

5. 追求实惠、急功近利的问题

这表现在求职过程中，毕业生过分关注用人单位的效益、住房、福利等实惠条件，很少问及是否能让自己发挥所学和所长。这样，往往使他们得到一些眼前的利益和满足，而忽视长远的发展。从近几年的毕业生就业情况看，讲求实惠的择业心态是非常普遍的。主要表现：其一是留恋大城市。据估计，毕业希望留在城里工作的毕业生约有80%～90%以上。其二是向往大机关。在大机关做公务员，待遇、名誉、将来的发展都要看好，而且工作比较稳定。其三，追求高收入。毕业生在职业选择上，普遍看重待遇，正因为这一原因，这几年，金融外贸、工商税务、三资企业、新闻出版等经济效益好的单位始终是毕业生求职的首选领域。我们对毕业生注重实惠的求职心态并不能一味加以排除，但如果过于夸大实惠的作用，譬如夸大到忽视或者放弃专业优势的程度，就会进入求职的误区。因为真正的实惠应该放在整个人生航程中加以权衡，只顾眼前的实惠而看不到今后的发展，就可能会为此而付出无法估量的代价。

其实毕业生就业后的第一份工作，更多的是经验的积累和技术的实践，也只有在不断的积累中，毕业生才能真正成为一名职业者，才能重新认识自己，重新为自己定位，确立更适合自己的职业目标。

6. 怯于竞争、听天由命的问题

被动等待坐失良机

[案例] 浙江某单位向学校发布了要来校招聘大量人才的信息，校就业指导中心迅速公布并电话通知了各学院。各学院反应不一，有的学院书记亲自打电话与对方联系，推荐自己符合条件的毕业生，有的则主动邀请对方到学院来选毕业生，有的则用特快专递寄出了学生的推荐材料。而与此同时，部分同学却在等待面试通知，认为反正该单位要来校招聘，等来了再投材料也不迟。后来，这家单位真的来了，人事部门负责人却非常抱歉地说："真对不起，其实，我们几天前就已到贵校，但刚跨进贵校校门，就被贵校某学院盛情'拦截'而去，晚上住在贵校招待所，闻讯而来的毕业生一拨又一拨，结果我们的计划提前录满了。"在场的毕业生后悔不已，机会就这样在等待中错过了。

[分析] 在求职择业过程中，机会对每个人来说都是均等的，就看你如何把握它。各种招聘人才的信息，每时每刻都经过各种渠道在发布、在传递。好比一条河流，信息是其中的一朵朵浪花，你抓住了，就归你所有，你错过了，就无法回头。因此，只要你认准这条信息对你有用，就必须主动以最快捷的方式向发出信息方作出反应，让对方知道你、了解你，才有可能看中你。机会往往就是这样被主动者拥有。

第二节　就业心理问题调适方法

一、心理调适的概念

（一）什么是心理调适？

心理调适指个体运用一定的心理学原理和方法，促使自己的心理和行为获得积极改变的过程，心理调适能够帮助个体在遇到挫折和冲突时能客观地分析自我与现实，有效地排除心理障碍，从而使自己保持一种稳定而积极的心态。

（二）为什么要进行就业心理调适？

大学生在择业过程中，不可避免地会遇到困难、挫折和冲突，引发各种心理问题，既不利于个人身心健康也不利于求职就业。就业心理调适的作用就在于帮助大学生在遇到挫折和冲突时，能够客观地分析自我与现实，有效地排除心理困扰，控制和调节自己的情绪，从而保持一种稳定而积极的心态，维护自己的身心健康，人尽其才，各得其所。所谓就业心理调适，就是自己根据自身发展及环境的需要对自己的心理进行控制调节，从而最大限度地发挥个人的潜力，维护心理平衡，消除心理困扰。大学生学会自我心理调适，能够帮助自己在择业遇到困难、挫折和心理冲突时，进行自我调节与控制，化解困境，排除困扰，改善心境，寻找最佳途径实现自己择业的理想和目标，不至于因受挫而使情绪一落千丈或丧失信心。因此，大学生要充分认识心理调适的积极作用，提高自我调适的自觉性，增强承受挫折、化解冲突和矛盾的能力，及时调整自己的心理状态，保持心理健康，顺利择业。

（三）心理调适的作用是什么

大学生应认识到，人生是一个不断发展变化的过程，也是个人对环境不断适应的过程，在人生的某些阶段，由于环境条件的改变，社会对个人会提出新的更高的要求，以致使个人感到难以适应。此时如果个人能够主动自觉地改变自己或改变环境，使个人与环境保持协调，就可以渡过难关顺利进入新的人生阶段。面临毕业，大学生们自然会考虑社会给自己提供了哪些职位，有多少选择的机会与可能；同时也应想到如何认识自己，调整自己，使自己能够作出最佳选择并尽快适应职业活动。

二、心理调适的方法

（一）自我反省法

"人，认识你自己。"这是古希腊德尔斐神庙门楣上的箴言。一个人无论作出多么不符合逻辑，甚至是荒诞可笑的行为，背后都不是没有原因的，如果能明白自己这些行为背后潜在的驱动力是什么，那么就能更深入地认识和把握自己。一个人做事要成功，先要做人成功，而做人成功最重要的就是拥有健康的心态。自我反省其实是一种学习能力。就业是一个不断摸索的过程，就难免在此过程中不断地犯错误。自我反省，正是认识错误、改正错误的前提。对每个人来说，反省的过程，就是学习的过程。有没有自我反省的能力，具不具备自我反省的精神，决定了就业者能不能认识到自己所犯的错误，能不能改正所犯的错误，是否能够不断地学到新东西。

（二）自我转化法

心理问题通常可以使一个人萎靡不振，但是如果合理地自我转换，不把时间浪费在抱怨外在环境上，就能变为发愤图强。这种方法，需要靠积极进取，使生活充实起来，以期取得成功。

当情绪低落时，不妨去访问孤儿院、养老院、医院，看看世界上除了自己的痛苦之外，还有多少不幸。当火气上涌时，有意识地转移话题或做点别的事情来分散注意力，便可使情绪得到缓解。在余怒未消时，可以用看电影、听音乐、下棋、散步等有意义的轻松活动，使紧张情绪松弛下来。

学会保持达观态度。古人云："人有悲欢离合，月有阴晴圆缺。"确实，人生不如意的事常有之，历史上和现实中没有几件事是圆满的。为几件家中或单位上不顺的事就悲观、情绪低落，甚至厌世，显然是不合适的。现实生活中哪里有十全十美的事呢？我们在心理咨询中，就曾遇到很多因为家庭条件差、单位人际关系差或疾病纠缠等问题而悲观厌世，甚至想自杀的人。生活中，人人都会遇到许多坎坷和不顺心，平凡人有，名人有，达官贵人亦有。因此，只要对社会有一个较深刻的了解和认识，想想社会上还有许多人不如自己，就会变得坦然了。故要保持达观态度，世上不会有永远美好的事物，今天虽身处逆境，情绪不佳，但通过奋斗，就可能获得成功，受人尊敬。社会是在发展变化着的，人应该适应社会，保持达观态度，对生活、对人生应充满信心。

（三）适度宣泄法

人在生活中难免会产生各种不良情绪，如果不采取适当的方法加以宣泄和调节，将对身心产生消极影响。因此，如果有不愉快的事情或委屈，不要压在心里，而应向知心朋友和亲人说出来或大哭一场。这种发泄可以释放内心的郁积，对于人的身心发展是有利的。当然，发泄的对象、地点、场合和方法要适当，避免伤害他人。

（四）自我安慰法

自我安慰法，又称精神胜利法当经过主观努力后仍无法改变事实时，为了减少内心的失望，常为失败找一个冠冕堂皇的理由，用以安慰自己，就像狐狸吃不到葡萄就说葡萄酸的童话一样，因此，称作"酸葡萄心理"。以缓解动机的矛盾冲突，解除焦虑、抑郁、烦恼和失望情绪，这样有助于保持心理稳定。在因受挫折而情绪困扰时，可用"亡羊补牢，犹未为晚"，"塞翁失马，焉知非福"等话语来做自我安慰，解脱烦恼。

（五）松弛练习法

每个人自身都蕴藏有无限的潜力，只是未被激发或受到压抑。如果否定反馈或批评反应超过限度，就可能偏离正轨，使前进受阻。如果你见了生人就害羞，如果你惧怕陌生环境，如果你经常觉得不适应、担忧、焦虑和神经过敏，如果你感觉紧张、有自我意识感，如果你有类似面部抽搐、不必要的眨眼、颤抖、难以入眠等"紧张症状"，如果你畏缩不前、甘居下游，那么，说明你受到的压抑太重，你对事情过于谨慎和"考虑"得太多，限制了个性的发挥和表现。假如你是由于受压抑而导致不幸和失败，就必须有意识地练习解除压抑的方法，让生活中的你不那么拘谨，不那么担心，不那么过于认真。学会在思考之前讲话，戒除行动之前"过于仔细"的思考。

松弛训练：

这里介绍一种有效的循序式肌肉放松法，来释放被压抑的个性潜能：初步的肌肉放松运动并不难学，跟着下列的要点练习大约一星期，就可以掌握到放松的要诀。

（1）安排三十分钟时间。

（2）安排一个宁静最好是黑暗的房间，内有一张舒适的床或沙发。

（3）穿着宽松的衣服（如睡衣），或将自己的紧身衣裤解松，然后躺在床或沙发上。

（4）深呼吸三下。每一次吸入了后，尽可能忍气不呼出，并保持全身紧张，然后握紧拳头，这一过程是让你体会到紧张的感觉。在每一次忍受不住时，再将气缓缓呼出，尽可能导引自己有"如释重负"之感，这一过程是让你体会到松弛的感觉。

（5）尽量感受紧张的不适感与松弛的舒适感所形成的强烈的对比，领受松弛的妙处。

（6）按身体部位逐一发布"松弛的自我催眠命令"。这些部位依次序为手指及手掌、前臂、手臂、头皮、眼、耳、口、鼻、下颚、颈、背、前胸、后腰、臀、耻骨以及生殖器、大腿、膝、小腿、脚及脚趾。你依循这些部位的次序，发布以下的指令："放……松……松……弛……我现在感到非常舒畅……我的（部位）现在非常的松……弛，我明显感觉（部位）有一种沉重而舒服的感觉。"

（7）在向自己发布这些命令的同时，你要尽量体验全身松弛的感受。

（8）当完成手指到脚趾的松弛过程，想象有一股暖流，由头顶缓缓地流下你的脖子、胸、肚、腿以及脚尖。这股暖流带来的舒适感，将会大大加深全身的松弛程度。

（9）静静地躺在床或沙发上，尽情享受这难得的松弛，体会这状态的美好。

（10）除了第（9）步没有时间限制之外，前面由手至脚整个逐步放松的过程需时大约六至七分钟。如果你在不到六分钟的时间内完成，那说明你还未能达到松弛状态。

要点：

第一，假若（1）和（2）提及的环境不许可，可"弹性"变通一下。

第二，保证在这段时间内没有外界骚扰。

第三，在第（1）中之所以安排半小时的时间去做一个七分钟左右的程序，是为了保证你不为时间所限而尽量放松。

有一位工程师坚持练习此放松术，矫正了严重的语言缺陷，其逻辑思维和工作才干也得到了惊人的发展，他温顺待人的态度和冷静的处世方法，也得到了周围人的赞赏。

（六）自我暗示法

这是一种在现代心理治疗、心理训练中广泛运用的调节身心机能的方法。它的特点在于自己通过言语或想象使自己的身心机能发生变化，其方法简单且容易达到自助的效果。运用自我暗示法缓解压力和调整不良情绪，主要是通过语言的暗示作用。比如，发怒时，提醒自己"不要发怒"，"发怒会把事情办砸"；忧愁时，提醒自己"愁也没有用，还是面对现实，想想办法吧！"着急时，警告自己"不要着急"；当有比较大的内心冲突和烦恼时，安慰自己"一切都会过去"，"已经渡过了许多难关，这次也一定能顺利渡过"等等。遇到挫折时，不妨先坐下来理一理头绪，看一看问题究竟有多少，切不可让它充塞在头脑而成为一堆乱麻。应该时刻想到："我能胜任！"或者"我可能会失败，但是失败是成功之母！只要坚持下去，一定会成功！"不论遇到什么样的阻力，要保持自信的精神状态，要坚信："别人能办到的，我也能办到！"

（1）自我暗示法一般是用内部默念进行的。但也可以通过自言自语，甚至在无人处大声对自己呼喊的方式来加强效果。

还可以将提示语写在日记本上、条幅上、床头上和压在玻璃板下等，以便经常鞭策自己。

此外，要获得良好的暗示时间。自我暗示的时间应选择在大脑皮层兴奋性降低的状态下进行，如早晨刚醒、中午午休和晚上入睡前进行，则效果较好。在大脑皮层兴奋性很高的状态下，不易进行自我暗示。如果需要立即进行自我暗示，应该尽量使自己的身心镇静，放松精神，排除杂念，在专心致志的状态下进行。

（2）暗示过程中尽量运用想象。这往往比自我意志努力的效果好。比如，失眠很让人苦恼，但往往你越想睡，告诫自己要放松、安静，可效果仍然不好。而此时若想象着身体的放松状况，具体地想象自己已处在一个十分安静的环境里，则会轻松入眠。

（3）选择好自我暗示的内容。暗示内容的选择，标志着自我暗示的性质。我们应该选择积极的能促使内心健康的内容。倘若杯弓蛇影，就会给身心带来不良影响。在普遍暗示的基础上，加上特殊内容的暗示，如"我有信心对付各种各样的挫折"（普遍暗示），"生气是对自己智慧的侮辱，焦急是对自己无能的惩罚，无助于事情的解决"（特殊暗示），把二者结合起来，效果会更好。

第三节　就业中常见心理问题调适

一、焦虑心理问题的调适

焦虑是由毕业生心理冲突或个人遭受挫折以及可能会遭受挫折

而产生的一种紧张、恐惧的情绪状态。焦虑，每个人都不同程度的存在着。适度的焦虑是人实现自己奋斗目标的一种强劲的动力。但焦虑过重就会成为前进中的负担，消减前进的动力，出现一些认知偏离甚至身体不适，形成一种对自己和外界的不真实感觉，这种不真实的感觉被称为"非本人"和"非现实"，是焦虑症常常伴随的一种感觉。

（一）抛弃自卑心理树立自信

知人者智，自知者明；知人不易，知己更难。大学生应该对自己有充分的认识，把主观愿望和客观条件结合起来，强化自信心理，如果怯于出头，羞于表现，常常会给人以唯唯诺诺、缺乏能力的感觉，不能给自己提供施展才华的机会。面对日益激烈的人才竞争，大学生就应该树立自信意识。

（二）保持乐观

在平时应注意培养自己良好的人格品质，改变那些不适应发展的不良的人格品质，培养自信乐观、自强不息、宽容豁达、开拓创新等品质。

（三）调整自己的不良心理

在求职遇到挫折时，要相信自己的能力，不被暂时的困难所吓倒，正视现实，放眼未来，要相信未来是美好的，前途是光明的，对自己抱有合理而坚定的信心，定能达到理想的彼岸，找到自己满意的工作，同时要适时调整自己的不良心理。对求职的期望适度，保持实事求是、知足常乐的心理。

有这样一个寓言故事：

有两只小青蛙，不小心掉进了一个装油的坛子里，想跳出来，油太腻；想爬出来，坛子太滑，多次努力后仍无结果。其中一只想：

反正没有希望还游什么呢？结果越来越游不动了；而另一只虽然疲劳还是坚持游着：只要有力气，我都要游下去！游着，游着，它突然碰到了一块坚实的固体，是黄油在它的不停的搅动下凝固起来，它踩在凝固的黄油上一用劲就跳了出来——原来成功这么简单。

二、冷漠心理问题的调适

冷漠是一种个体对挫折环境的自我逃避式的退缩心理反应，带有一定的自我保护或自我防御性质。事实上，冷漠只是表面的现象，掩盖着个体深层次的痛苦、孤寂和无助，并有强烈的一种压抑感。冷漠是遇到挫折后的一种消极心理反应，是逃避现实、缺乏斗志的表现。当一些大学生在求职过程中因受到挫折而感到无能为力、失去信心时，会出现不思进取、意志麻木等反应。他们自认为看破红尘，就听天由命，任凭"发落"。

（一）正确对待挫折

挫折是试金石，心理健康的人，勇于向挫折挑战，百折不挠；心理不健康的人，知难就退，甚至精神崩溃、行为失常。大学生在求职过程中应保持健康稳定的心理，积极进取的态度。遇到挫折，不要消极退缩，要认真分析失败的原因，是主观努力不够，还是客观要求太高；是主观条件不具备，还是客观条件太苛刻，经过认真分析，才能心中有数，调节好心态。有的同学一次落聘就灰心丧气、一蹶不振，落聘虽失去一次选择职业的机会，但并不等于择业无望，事业无成。因此，遇到挫折，要敢于向挫折挑战，知难而进，百折不挠。

（二）自我激励

同各种不良情绪进行斗争，坚信未来是美好的，因为失败、挫折已经成为过去，要勇敢地面对下一次，尽可能地把不可预料的事当成预料之中的，即使遇到意外事件出现或择业受挫，也要鼓励自己不要惊慌失措、冲动、急躁，而要开动脑筋、冷静思考、寻找对策。

三、怯懦心理问题的调适

怯懦是一种胆小、脆弱的性格特征。多见于一些女大学生和性格内向或抑郁气质类型的大学生。表现为在面试的时候语无伦次、张口结舌、支支吾吾、答非所问，从而影响到面试的效果，进而影响择业。

（1）训练自己说话时盯住对方的鼻梁，让人感到你在正视他的眼睛。

（2）径直迎着别人走上前去。

（3）开口时声音洪亮，结束时也会强有力；相反，开始时声音细弱，闭嘴时也就软弱。

（4）学会适时地保持沉默，以迫使对方讲话。

（5）会见一位陌生人之前，先列一个话题清单。

（6）熟记演讲的首尾，那么你从头到尾都会口若悬河。

（7）想方设法和比自己强的人交往。这样，你会学到知识，同时还可观察强者的弱点和缺点，从而增强自己的信心。

四、孤傲心理问题的调适

孤傲心理是缺乏客观自我分析和自我评价的表现。主要表现为：有些学生对自己估计过高，认为自己学习了很多知识，各方面条件也不错，哪个用人单位录用了自己是其荣幸。看不起这个单位，瞧不起那种职业。一旦有了这些心理，很容易脱离实际，以幻想代替现实，使自己的择业目标和现实产生了极大的反差，最终可能颗粒无收。

随着大学生就业制度改革的深化以及劳动人事制度的改革配套，

社会将尽可能为大学生求职择业提供较好的环境，职业选择的机会将大大增加，这必定为大学生施展自己的才能提供广阔的天地，有利于大学生自身的发展与成才。但同时也必须看到，我国目前的生产力还比较落后，供需形势不平衡，教育结构不合理，社会为大学生提供的工作岗位不可能使每个人都满意。

另外，我国的大学生就业市场还需要进一步完善，不正之风还有可乘之机，用人单位自主权扩大以后，对大学生要求更加严格。所以，大学生要从实际出发，更新择业观念，面对人才市场，必须勇于竞争，以便被社会承认和接受。正视社会现实，还需要大学生认清社会需求，根据社会需要选择适合自己的工作，而不应好高骛远、脱离实际。人的本质是社会关系的总和，人不能离开社会而生存与发展，每个人自我愿望的实现都离不开他所处的社会环境。择业作为人的一种社会性活动，必然也会受到种种社会条件的制约。大学生如果脱离社会需求，则很难被社会接纳，甚至难以生存下去。那种一味追求个人名利，满足自己的愿望的择业观是不可取的。

练一练：学会倾听

要求：认真

回应

配合适当的表情

五、自卑心理问题的调适

自卑是一种对自己不恰当的消极认识，是一种自我评价较低，自己瞧不起自己的悲观心理，也是一种因过多地自我否定而产生的自惭形秽的情绪体验。尤其是在择业过程中，可能受到困难和挫折后，便觉得自己一无是处，自暴自弃，甚至再也不愿尝试着继续找工作了。

建立自信，做一些力所能及的事情作为试点，通过丰富的体验获得成功的愉悦，激励自我不断发现自己的能力，提高自信心；就是主动出击，让行动来激励自己。学院丰富多彩的校园生活和就业指导课程的开设，即是通过体验式的教学方式，让大家学会与人沟通、交流和合作，如何在求职面试时把自己最好的状态发挥出来等，以打造就业核心竞争力；积极的自我暗示，运用内部语言来调节自己的情绪。如面试前，暗示自己"不要紧张，放松，我会发挥得很好，我一定能成功！"等等。

练一练，让我们的自信从每天的早晨开始：

早晨起床，请你对着镜中的自己微笑着说："我是最棒的，我就是独一无二的我！"

去教室的路上，请你昂首挺胸阔步走，并微笑地、主动地与你熟悉的每一个人打招呼。

到了教室，请你坐到前排，并在老师讲课的过程中，积极与老师目光接触。

课堂上争取每一次当众发言的机会，就会增强自信心，下次也更容易发言。

下了课，请尽量地丰富你的课余生活，并从中提升你自己。

夜晚，当你入睡前，请在日记本上写上一句激励自己的话，如："我又过了充实的一天，我每天都在进步一点点，相信我一定能够成为我想成为的人！"

有句名言与大家共勉：困难也好，挫折也好，就像人的影子一样，当你背对着太阳时，影子就在你的前面；而当你面对太阳，迎着太阳而站时，影子就被抛到了背后。

思考题：

怎么理解要么你去驾驭生命，要么是生命驾驭你，你的心态决定谁是坐骑，谁是骑师？

心理调适案例

[案例] 小王和小张大学期间所学专业都是生物技术专业。毕业时，小王为了留在省城而放弃了自己五年所学的专业，应聘到一个机关办公室从事文秘工作。小张为了自己所学的专业，放弃了另谋出路的打算，回到家乡农科站工作。但家乡条件的落后，资金等的缺乏，使小张一度产生了"英雄无用武之地"的感觉，曾打算放弃专业，重新回到省城另谋出路。他写了一封信给老师，希望老师能帮帮他。老师回信说："省城之大，找一个一般的工作没问题，但是在人才济济的大城市中，多少人消磨了自己的锐志，一辈子一事无成，你想做的事，别人早就做了，机会在茫茫众生中，显得十分少。你现在所处的地方，人才稀缺，资源众多，只要是个有心人，就一定会找到机会。"小张自此调整了自己的心态，积极面对现实，充分利用自己的专业知识和技能，利用家乡热带资源优势，开发热带花卉，使产品远销海内外，并建立了自己的热带花卉开发有限公司。小张成功了，而小王放弃了自己的专业，失去了自身的长处，只得被动地适应工作。

[分析] 著名成人教育家拿破仑·希尔曾经说过："一个人成功与否，关键在于他的心态。我们的心态很大程度上决定了我们人生的成败。"因此，积极的心态对我们来说是十分重要的。当你有一种信念，并把它付诸实施，就能加强并助长这种信念。当你认为自己是有能力的，并对自己充满自信，你就会觉得生活中没有什么克服不了的困难，只要努力就能成功。只要有一个积极、强健的心态，就能成为自己命运的主宰。

第三章　大学生就业权益保护

就业是民生之本，做好高校毕业生就业工作，是贯彻国家教育方针，加快推进以改善民生为重点的社会建设的具体体现，是构建社会主义和谐社会的重要内容。在毕业生的就业过程中，面对严峻的就业形势，部分毕业生由于不熟悉或未完全了解就业的相关法律法规，不能正确维护自身的合法权益，从而遭受不法侵害，影响就业。本章将对就业过程中常见的侵权违法行为、就业协议和劳动合同的签订、社会保险的购买、劳动争议等问题作些介绍和分析，使广大毕业生在就业择业的同时，运用法律武器合法维护自身权益。

第一节　常见的侵权违法行为

侵权，顾名思义就是侵害权利。侵权行为是指行为人由于过错侵害他人的人身和财产并造成损害，违反法定义务，依法应承担民事责任的行为。在求职过程中，毕业生的维权保护意识普遍不高，对权益保护知识了解不深，面对僧多粥少的就业压力，部分用人单位利用了毕业生迫切的就业心理需求以及维权意识薄弱的特征，通过不法手段谋取私利，造成对毕业生的不法侵害，也造成了求职过程中侵权行为的屡屡发生。

一、求职中出现侵权违法行为的原因分析

在经过了高考这座残酷的独木桥，踏入自己理想的大学校园之

后，大学生真的可以安枕无忧了吗？现实表明，大学生就业难已成为近年来困扰我国社会的一个重大难题。在就业形势严峻的压力下，大学生求职过程中侵权违法行为时有发生，导致大学生顺利就业难上加难。面对这样的困境，如何解决大学生就业难的问题，遏制侵权行为的发生，就必须寻其根源，对症下药。

2009 年的"两会"中将大学生的就业问题提高到了关注民生的高度上来，国家和社会对大学生的就业问题给予了高度关注。然而仅有的职位空缺已无法满足不断增长的毕业生数量，大学生就业市场供过于求。自 2001 年以来，我国高校毕业生数量逐年大幅增加，从 2001 年的 114 万人，到 2004 年的 280 万人，再到 2008 年的 559 万人，屡创历史新高。2008 年社会蓝皮书发布暨中国社会形势报告会上，中国社科院表示，2007 年全国 495 万高校毕业生中，至今仍有 100 万人没有找到工作，而 2009 年又将有 611 万应届毕业生涌入劳动力市场，加之宏观经济受到自然灾害和国际金融风暴影响，大学生就业形势面临着前所未有的巨大压力。在这样严峻的大环境下，毕业生为了尽快找到一份心仪的工作，把自己更多的精力和时间放在了提高自身竞争力，关心整个社会的就业情况等方面，因而忽视了对于法律知识的学习和了解，漠视了自己合法权益的保护。

随着社会竞争的日益激烈，企业之间的竞争趋于白热化，渐渐滋生出一些不良竞争。在这样的形势之下，部分用人单位选择积累资本的途径就建立在对毕业生的剥削、合法权益的侵害之上，通过不法手段来谋取私利。本就处于弱势群体地位的大学生在面对用人单位时，就更加束手束脚，很多用人单位利用大学生面对来之不易的就业机会更加珍惜的心态，提出一些不合法的要求，而很多大学生对相关法律又不了解，就导致了更多的侵权违法行为发生。

二、求职过程中常见的侵权违法行为

求职过程中，部分用人单位使用的侵权手段层出不穷、花样百出，难以完全归纳。在此，罗列六种求职过程中常见的侵权违法行为以供参考：

（一）不提供劳动合同

劳动合同作为劳动者合法权益的根本保障，显得尤为重要。部分用人单位在使用劳动者过程中，不愿按照《劳动合同法》中的相关规定给予劳动者合法的物质或经济保障，反而利用各种理由拒绝与劳动者签订劳动合同，或用一些其他形式的协议替代劳动合同，例如用就业协议替代劳动合同、用劳务合同替代劳动合同等。

（二）试用期约定违反《劳动合同法》

为了考验劳动者是否能够适应用人单位的工作需求，与单位达到双赢效益。在劳动者进入用人单位时通常会与用人单位约定试用期，作为双方的磨合适应期。在这一时期，违反《劳动合同法》的形式通常表现为用人单位随意加长劳动者的试用期，把试用期排除在聘用期外，或是在试用期给予劳动者偏低的工资、试用期期间不为劳动者购买社会保险等。

（三）违法收取重要证件或押金

这种侵权行为一般表现为用人单位对劳动者表现出录用意愿或需求时，用人单位以各种理由扣押劳动者的重要证件，如劳动者的身份证、学位证、毕业证等重要证件或以录用为理由向劳动者索取钱财、押金等方式。

（四）违约金的约定违反《劳动合同法》

违约金，作为平衡合同双方当事人权利义务的有效手段，规范用人单位对劳动者的权益限制和自身利益的保障工具，违约金在合同中占有重要地位。在此提到的侵权行为方式主要表现在合同的约定内容中，用人单位向劳动者在劳动合同的条款上约定巨额的违约金或不合理的竞业限制等情况，从而严重侵害了劳动者的合法权益。

（五）侵犯知情权

法律赋予了劳动者具有合法获取用人单位真实信息的权利，也要求用人单位如实提供单位的真实信息。在获取用人单位信息的过程中，如果用人单位刻意隐瞒本单位的重要信息，或是提供虚假信息误导劳动者，则侵害了劳动者的合法知情权。

（六）不为劳动者购买社会保险

社会保险作为国家赋予劳动者在丧失劳动力或是就业中断的情况下，能够从国家和社会得到的一种物质上的经济救助，是国家给予每一位劳动者的权利保障，要求用人单位必须为劳动者购买社会保险。部分用人单位觊觎购买社会保险金额的微小利益，不愿为劳动者购买社会保险，从而侵害了劳动者的合法权益。

思考题：

常见侵权行为的表现形式有哪些？

第二节 确定就业单位后需注意的四个重要环节

就业是一个复杂而系统的过程，大学生在确定了就业单位后需注意以下四个重要环节。

一、签订就业协议

毕业生落实就业单位后面临的第一个重要环节就是就业协议的

签订。《全国普通高等学校毕业生就业协议书》（下简称《就业协议》）是毕业生毕业离校前与用人单位签订的明确毕业生毕业后入职去向的一份书面协议，《就业协议书》具有保障毕业生就业的基础作用。

《就业协议书》签订的一般程序是：经过毕业生与用人单位的双向选择，双方达成录用意向后，毕业生向所在系（部）领取省教育厅印制的《毕业生就业协议书》。毕业生、用人单位一起协商，填写协议书，并各自签字盖章，协议书即生效（注：需具备用人单位签章与用人单位上级主管人事部门签章）。然后，毕业生或用人单位将协议书送至学生所在系（部）登记，由系（部）经办人签字。最后，送至学院毕业生就业指导中心鉴证盖章，登记并编制毕业生派遣方案。协议书一式四份，毕业生所在学校盖章后，用人单位、毕业生、学校各执一份，复印件无效。

这里要补充说明的是，当前大部分毕业生选择的用人单位不具备录用权力或没有录用计划（指一般情况下这些单位都不解决毕业生的户口和人事关系），即毕业生不能与该单位签订《就业协议书》但切记要签劳动合同，否则毕业生的学校将视为无效协议不予审批。对于这类用人单位，毕业生一定要提请该单位向学校出具一份接收毕业生的书面就业证明，作为毕业生落实就业的依据，毕业生所在学校据此将毕业生列入"自主择业"范畴，毕业后派遣回生源地区。如果在这种情况下，毕业生不想回生源地区，而想去其他城市，可委托想去的其他城市人事代理机构，办理人事代理和入户手续，并与该机构签订《档案、户口托管协议书》，学校将依据此协议书制定毕业生派遣方案。

二、签订劳动合同

《劳动合同法》明确规定，建立劳动关系，应当订立书面劳动合同。在我国现有的劳动制度下，除公务员及事业单位编制内人员外，大都需要签订劳动合同以保证双方合法权益。在我国逐步取消事业单位编制人员，而转为全员聘用制的情况下，劳动合同的签订对于劳动者而言就显得尤为重要了。毕业生与用人单位签订劳动合同应注意以下几点：

（1）要熟悉了解《劳动法》、《劳动合同法》等相关法律法规的重要规定。如合同双方当事人的权利和义务，劳动合同的订立、履行、变更、终止和解除，劳动保护和保险，法律责任等。

（2）了解用人单位的主体资格情况。毕业生要注意对用人单位的用人资格、经营状况、信誉保障都有所了解和确认。

（3）订立合同要条款齐备。合同中应订立齐全完备的条款，如名称、地点、时间、劳动规则、具体工作内容和标准、劳动报酬、合同期限、违约责任、解决争议方式、签名盖章等。

（4）其他注意事项。劳动合同应符合合法、自愿、协商一致的原则；注意合同生效的必要条件和附加条件（如签证、登记）；合同至少一式两份，双方各执一份，妥善保管；双方在签订时如有纠纷，应通过合法方式解决。

三、购买社会保险

社会保险是国家通过立法，强制征集基金，用于保障劳动者在暂时或永久丧失劳动能力时，或在失去工作期间基本生活需求的物质帮助的一种社会保障制度。根据《中华人民共和国社会保险法》（草案）的规定，中华人民共和国境内的用人单位和个人依法缴纳社会保险费；个人依法享受社会保险待遇。国家建立基本养老保险、基本医疗保险、工伤保险、失业保险、生育保险等社会保险制度，保障公民在年老、患病、工伤、失业、生育等情况下依法获得物质帮助的权利；用人单位应当自用工之日起三十日内为其职工向社会保险经办机构申请办理社会保险登记。社会保险也是毕业生今后作为一个劳动者必然要遇到的问题。我们将在之后的章节介绍社会保险购买中容易发生的问题。

四、劳动争议的处理

劳动关系当事人之间因劳动的权利与义务发生分歧而引起的争议叫劳动争议，又称劳动纠纷。其中有的属于既定权利的争议，即因适用劳动法和劳动合同、集体合同的既定内容而发生的争议；有的属于要求新的权利而出现的争议，是因制定或变更劳动条件而发生的争议。

西方国家对劳动争议的处理，有的由普通法院审理，有的由特别的劳工法院处理。由特别的劳工法院处理劳动争议，始于13世纪的欧洲的行会法庭，法国1806年于里昂创设了劳动审理所，此后意大利、德国等国才相继设立了劳工法庭。很多国家处理劳动争议时，采取自愿调解、强制调解、自愿仲裁和强制仲裁四项措施。

劳动纠纷是现实中较为常见的纠纷。国家机关、企业、事业单位、社会团体等用人单位与职工建立劳动关系后，一般都能相互合作，认真履行劳动合同。但由于各种原因，双方之间产生纠纷也是难以避免的事情。劳动纠纷的发生，不仅使正常的劳动关系得不到维护，还会使劳动者的合法利益受到损害，不利于社会的稳定。因此，应当正确把握劳动纠纷的特点，积极预防劳动纠纷的发生。对已发生的劳动争议又称劳动纠纷或劳资纠纷，是指劳动关系双方当事人在实现劳动权利和履行义务的过程中发生的纠纷。我们将在之后的章节中介绍劳动争议处理的流程、机构以及对策等。

思考题：

落实就业单位后需要经历的重要环节是什么？

第三节　就业协议的签订

签订就业协议是毕业生在确定就业单位后面临的第一个重要环节。

一、就业协议的概念

就业协议是毕业生、学校和用人单位之间约定毕业生毕业后的入职去向，明确毕业生、用人单位和学校在就业工作中的权利和义务的书面表现形式。就业协议一般由教育部或各省、市、自治区就业主管部门统一制表。

二、就业协议的签订

毕业生与用人单位签订就业协议应当遵循一定规范，程序如下：

购买就业协议书（一式四份）

↓

个人填署信息

↓

用人单位签章

↓

学校签章

（一）《全国普通高等学校毕业生就业协议书》

《全国普通高等学校毕业生就业协议书》是毕业生在与用人单位达成协议、确定就业单位时，由本人向所在学校的就业主管部门购买。由教育部制定就业协议书样式，作为规范性文本，然后由地方毕业生就业主管部门或高等学校负责印制。一般包括以下主要条款：

（1）毕业生应按国家规定就业，向用人单位如实介绍自己的情况，了解用人单位的使用意图，表明自己的就业意见，在规定的时间内到用人单位报到，如遇特殊情况不能按时报到，须征得用人单位的同意。

（2）用人单位要如实介绍本单位的情况，明确对毕业生的要求及使用意图，做好各项接收工作。

（3）学校要如实向用人单位介绍毕业生的情况，做好推荐工作，用人单位同意录用后，经学校审核列入建议就业方案，报主管部门批准，学校负责办理离校手续。

（4）各方应严格履行协议，任何一方若违反协议，应承担违约责任。

（5）如有其他约定应在备注栏中明确说明，并视为协议的一部分。

（二）就业协议订立的原则

（1）主体合法原则。就业协议签订的当事人必须具备合法的主体资格。

对毕业生而言，是必须要取得毕业资格，如果学生在毕业时未取得毕业资格，用人单位可以不予接收而无须承担法律责任。

对用人单位而言，用人单位必须具有从事各项经营或管理活动的能力，单位应有录用指标和录用自主权，否则毕业生可解除协议而无须承担违约责任。

对高校而言，高校应根据用人单位的要求如实介绍毕业生的在校表现，也应如实将所掌握的用人单位的信息发布给毕业生。高等学校在毕业生签订就业协议过程中应进行监督和指导。

（2）平等协商原则。就业协议签订的当事人在签订就业协议时法律地位平等，当事人以平等的身份签订就业协议。当事人在充分表达自己意思的基础上，经过协商取得一致意见，方可签订就业协议。除协议书规定的内容外，当事人如有其他约定事项可在协议书"备注"内容中加以补充确定。

[案例] 某单位接收一名毕业生，当时已通过体检、政审考核等程序，该单位表示同意录用该生，但提出因没有带公章，请学校先盖章签署意见。学校就业指导中心为慎重起见，反复提醒毕业生最好等单位先盖章，学校再盖章。但单位和学生本人都很急，单位说："反正我们已同意接收，只要方便同学，简化手续，谁先盖章无所谓。"学生说："我体检、政审都通过了，请给我一次机会，我愿写保证，保证因手续不全导致的后果责任自负。"且该生所在院领导也打电话为之说情。鉴于此，学校先盖了章。谁知刚过两天，该单位就将该生协议书退回。

[分析] 口头协议无效。签协议一定要慎重，必须把双方的约定以文字形式写下来盖章签字方可生效，"君子协议"、"口头协议"都是空头支票，没有任何法律效力，一旦发生纠纷，毕业生的利益无法得到保障。因此毕业生必须学会保护自己。一般来说，毕业生最好是亲自前往单位签约盖章，如果一定要将协议书寄去签，那应该要求单位先出具书面接收函，以确保万无一失。

三、就业协议的解除

就业协议的解除一般分为单方解除和双方解除。

（一）单方解除

单方解除又分为单方擅自解除和单方依法或依协议解除。单方擅自解除实际属于违约行为，解约一方应对另一方承担违约责任。

单方依法或依协议解除，是指一方依据法律或是依照就业协议中的约定合法解除协议的行为。如毕业生未能按照协议约定取得毕业证、学位证等毕业资格，用人单位有权单方解除协议。

（二）双方解除

双方解除就业协议是指毕业生、用人单位经平等自愿、共同协商达成一致，愿意取消原订立的就业协议，就业协议不再发生法律效力。此类解除基于协议双方平等自愿、协商一致而解除，因此双方均不承担法律责任，但须告知学校。

四、就业协议签订中常见的问题及对策

就业协议明确了毕业生、用人单位、高校的权利和义务，具有法律约束力，也涉及毕业生的切身利益。在签订就业协议时，我们需要注意以下几个问题，以切实维护就业过程中的合法权益。

（一）违约金的约定

[案例] 上海某大学一毕业生与用人单位签订就业协议，经协商一致后在协议"备注"栏中明确约定该毕业生向用人单位预先交纳3 000元违约金。后该同学没有依照协议按期到用人单位报到上班，用人单位以此为由拒不退还该同学预先缴纳的3 000元违约金。

请问：此案例中，是否存在侵权违法行为？

[分析] 案例中没有侵权违法行为的发生。就业协议作为明确毕业生入职去向，毕业生、学校和用人单位在此过程中的权利和义务的书面协议，用人单位有权在协议书中与毕业生约定违约金。若毕业生依协议约定按期到用人单位报到上班，用人单位须退还毕业生预先缴纳的违约金。

如毕业生违反协议约定或是不按期到用人单位报到上班，用人单位有权没收毕业生预先缴纳的违约金。该案例中，由于该同学违反就业协议的约定，不按期到用人单位报到上班，因而用人单位拒不退还该生交纳的3 000元违约金，用人单位的做法是合法的。

（二）人事档案、报到证相关问题及对策

就业协议是学校为毕业生开具报到证和转寄人事档案的相关依据。在我国，除了国家企事业单位外，大多用人单位不拥有人事代理权，因而毕业生须告知用人单位在就业协议中写明档案的转寄地址。

思考题：

1. 就业协议的签订程序？
2. 就业协议书中违约金的约定原则？
3. 就业协议中人事档案的注意事项？

第四节　签订劳动合同

确定就业单位后的第二个重要环节——签订劳动合同。

一、劳动合同的概念和特征

（一）劳动合同的概念

劳动合同亦称劳动契约或劳动协议，是指劳动者与用人单位确立劳动关系，明确双方权利和义务的书面协议。劳动合同在有些国

家被称之为雇佣合同或雇用协议。劳动者与用人单位建立劳动关系时必须订立劳动合同，劳动合同是确立劳动关系的法律形式。其产生于劳动过程之前，经劳动者与用人单位双方平等自愿协商一致而产生。劳动合同一经订立生效，劳动过程即可产生，劳动者和用人单位都必须严格按照劳动合同规定的权利和义务而行为。

（二）劳动合同的特征

1. 劳动合同主体由法律设立

劳动合同主体一方必须是具有劳动权利和劳动行为能力的劳动者，其可以是中国人、外国人、无国籍人；另一方必须是具有使用劳动者权利能力和行为能力的用人单位。可以是企事业单位、个体经济组织、国家机关、社会团体等。自然人与自然人之间、用人单位与用人单位之间不具有订立劳动合同的主体资格。

2. 劳动合同是双务、有偿合同

在劳动合同中，劳动者和用人单位都必须履行一定的劳动义务，而且一方的劳动权利是另一方的劳动义务；同时，劳动合同必须有劳动报酬条款的规定，用人单位必须根据劳动者劳动的数量和质量给付劳动报酬。

3. 劳动合同客体具有单一性

劳动合同的客体只有一个，即劳动行为。

4. 劳动合同是诺成、要式合同

劳动合同经劳动者与用人单位双方的选择和就劳动合同条款协商一致即可成立；同时，劳动合同的订立必须采用书面的形式，口头劳动合同不受法律保护，发生争议时按事实劳动关系来受理。

（三）劳动合同和就业协议的区别

1. 签订主体不同

就业协议作为明确毕业生、学校、用人单位在就业工作中的权利和义务的书面协议，其签订的主体是毕业生、学校和用人单位三方。劳动合同是作为劳动者与用人单位在劳动关系中明确双方权利义务的书面表现形式，其签订主体是劳动者与用人单位双方，与学校无关。

2. 签订时间不同

就业协议是在毕业生就业前签订，而劳动合同通常是毕业生到用人单位报到上班时签订。

3. 内容不同

就业协议的内容主要是毕业生如实介绍自身情况，表达到用人单位的就业意愿、用人单位表示愿意接收毕业生及学校的推荐意愿，并不涉及毕业生到用人单位报到后所享受的权利和义务。劳动合同的内容主要涉及劳动内容、劳动报酬、劳动保护、劳动纪律等方面的具体权利、义务。

4. 法律效力不同

签订就业协议是发生在签订劳动合同的前一阶段，毕业生一旦到用人单位报到上班，协议自动失效。此时需要签订劳动合同，劳动合同自签订之日起生效。

5. 适用法律不同

就业协议发生争议的，除根据协议内容作为主要依据外，还可根据现有的毕业生就业政策和法律法规进行调解。我国现今尚无专门法律针对毕业生就业协议加以调整。劳动合同发生争议时，主要依据《劳动法》、《劳动合同法》进行调解。

二、劳动合同的签订

劳动者与用人单位双方须在平等自愿、协商一致和合法的原则下，方可订立劳动合同。

（一）劳动合同签订的类型

按照不同的标准，劳动合同可以划分为不同的种类。

1. 按照用人方式不同来划分，劳动合同可分为三种

（1）录用合同。录用合同是用人单位与被录用劳动者之间，为确立劳动关系，明确相互间权利和义务的协议。

（2）聘用合同。聘用合同又称聘任合同，是用人单位与被聘用劳动者之间，为确立劳动关系，明确双方权利和义务的协议。聘用合同一般适用于招聘有技术业务专长的特定劳动者。例如，聘用经理、专家、技术顾问、法律顾问等。

（3）借调合同。借调合同又称借用合同，是指为了将某用人单位职工借调到另一用人单位从事短期的某项工作，而在借调单位、被借调单位与借调职工三方当事人之间依法签订的，约定其借调期间的权利与义务的协议。

2. 按照合同期限来划分，劳动合同可分为三种

（1）有固定期限的劳动合同。期限可为几个月、一年、三年、五年、十年等。劳动合同期限届满，劳动合同即告终止。

（2）无固定期限的劳动合同。用人单位与劳动者协商一致，可以订立无固定期限劳动合同。有下列情形之一，劳动者提出或者同意续订、订立劳动合同的，除劳动者提出订立固定期限劳动合同外，应当订立无固定期限劳动合同：

①劳动者在该用人单位连续工作满十年的。

②用人单位初次实行劳动合同制度或者国有企业改制重新订立劳动合同时，劳动者在该用人单位连续工作满十年且距法定退休年龄不足十年的。

③连续订立两次固定期限劳动合同，且劳动者没有《劳动合同法》第三十九条和第四十条第一项、第二项规定的情形，续订劳动合同的。

用人单位自用工之日起满一年不与劳动者订立书面劳动合同的，视为用人单位与劳动者已订立无固定期限劳动合同。

（3）以完成一定工作为期限的劳动合同。指双方当事人将完成某项工作或工程作为合同终止日期的劳动合同。当某项工作或工程完成，经验工合格后，劳动合同自行终止。

（二）劳动合同的必备条款

根据我国 2008 年 1 月 1 日起实施生效的《劳动合同法》第十七条的规定，劳动合同的必备条款为：

（1）用人单位的名称、住所和法定代表人或者主要负责人。

（2）劳动者的姓名、住址和居民身份证或者其他有效身份证件号码。

（3）劳动合同期限。

（4）工作内容和工作地点。

（5）工作时间和休息休假。

（6）劳动报酬。

（7）社会保险。

（8）劳动保护、劳动条件和职业危害防护。

（9）法律、法规规定应当纳入劳动合同的其他事项。

（三）劳动合同的可备款项

劳动合同除前款规定的必备条款外，用人单位与劳动者可以约定试用期、培训、保守秘密、补充保险和福利待遇等其他事项的可备条款。

（四）劳动合同签订的流程

（1）用人单位提供劳动合同（一式三份）。

［案例］小 A 在一家外资企业工作，不仅工资待遇十分

优厚，而且因为是由好朋友介绍的，小 A 十分放心。从事工作七个月有余，小 A 与该企业一直未签订劳动合同，经打听企业内所有人员均未与该企业签订劳动合同，好朋友拍着胸脯保证没事，小 A 也没有多想。不料一日忽然被裁员了，公司一分赔偿金也没给。等到想起找朋友询问时，朋友已不知所踪。小 A 后悔莫及，连声道："我太相信他了！"

[**分析**] 外资企业没有与员工订立劳动合同的做法是违反劳动法的。小 A 利益受侵害，可根据法律请求赔偿。我国《劳动合同法》第十条"建立劳动关系，应当订立书面劳动合同。已建立劳动关系，未同时订立书面劳动合同的，应当自用工之日起一个月内订立书面劳动合同。用人单位与劳动者在用工前订立劳动合同的，劳动关系自用工之日起建立。"

(2) 确认劳动合同的内容。

(3) 劳动者签字确认、用人单位签章。

(4) 交由用人单位到相关劳动与社会保障部门备案。

三、签订劳动合同时常见的问题及对策

(一) 试用期约定的问题及对策

《劳动合同法》第十九条规定：

(1) 劳动合同期限三个月以上不满一年的，试用期不得超过一个月；劳动合同期限一年以上不满三年的，试用期不得超过两个月；三年以上固定期限和无固定期限的劳动合同，试用期不得超过六个月。

(2) 同一用人单位与同一劳动者只能约定一次试用期。

（3）试用期包含在劳动合同期限内。劳动合同仅约定试用期的，试用期不成立，该期限为劳动合同期限。

（4）劳动者在试用期的工资不得低于本单位相同岗位最低档工资或者劳动合同约定工资的百分之八十，并不得低于用人单位所在地的最低工资标准。

[**案例**] 小张进入某医院放射科工作后，签订了一年期劳动合同，约定了两个月试用期，合同结束后，小张被调到了骨科，续签合同时，医院以新岗位需要重新试用为由，要求再次约定试用期，请问医院的做法合法吗？

[**分析**] 该医院的做法不合法。《劳动合同法》第十九条规定，同一用人单位与同一劳动者只能约定一次试用期。小张在进入医院后已经约定过试用期，且试用期期限已满，因此，用人单位不得以调换岗位为理由要求与小张再次约定试用期。

[**案例**] 小李应聘到某家医院工作，医院向小李提供了一份为期6个月的试用期合同，待试用期合同结束后才提供劳动合同，请问医院的做法合法吗？

[**分析**] 该医院的做法不合法。《劳动合同法》第十九条规定，试用期包含在劳动合同期限内。劳动合同仅约定试用期的，试用期不成立，该期限为劳动合同期限。因此，用人单位单独提供试用期合同的做法是不合法的。

综上所述，在试用期问题中需要注意：
（1）试用期的期限是由劳动合同期限决定的。
（2）同一家单位只能约定一次试用期。
（3）试用期工资由劳动合同中约定的工资决定。

（二）违约金约定的问题及对策

《劳动合同法》规定，只有规定了服务期和竞业限制的情况，才能约定违约金。

1. 关于服务期

《劳动合同法》第二十二条：用人单位为劳动者提供专项培训费用，对其进行专业技术培训的，可以与该劳动者订立协议，约定服务期劳动者违反服务期约定的，应当按照约定向用人单位支付违约金。违约金的数额不得超过用人单位提供的培训费用。用人单位要求劳动者支付的违约金不得超过服务期尚未履行部分所应分摊的培训费用。

[案例] 小李被公司指派出国培训，费用1万元人民币，培训前同公司约定了五年的服务期，履行了两年服务期后，小李辞职，请问小李是否应该赔偿违约金？如果要赔，该赔多少钱？

[分析] 需要赔偿。应该赔偿6 000元。因为小李五年服务期还剩三年未执行，分摊1万元的培训费后剩6 000元该赔。

2. 关于竞业限制

《劳动合同法》第二十三条：用人单位与劳动者可以在劳动合同中约定保守用人单位的商业秘密和与知识产权相关的保密事项。

对负有保密义务的劳动者，用人单位可以在劳动合同或者保密协议中与劳动者约定竞业限制条款，并约定在解除或者终止劳动合同后，在竞业限制期限内按月给予劳动者经济补偿。劳动者违反竞业限制约定的，应当按照约定向用人单位支付违约金。

《劳动合同法》第二十四条：竞业限制的人员限于用人单位的高级管理人员、高级技术人员和其他负有保密义务的人员。竞业限制的范围、地域、期限由用人单位与劳动者约定，竞业限制的约定不得违反法律、法规的规定。在解除或者终止劳动合同后，前款规定的人员到与本单位生产或者经营同类产品、从事同类业务的有竞争关系的其他用人单位，或者自己开业生产或者经营同类产品、从事同类业务的竞业限制期限，不得超过两年。

综上所述，违约金问题中需要注意：

（1）只有约定了服务期或竞业限制才能约定违约金。

（2）为劳动者提供了专项培训费用才能约定服务期。

（3）约定竞业限制的单位必须支付给劳动者补偿金，竞业限制的违约金的数额应当考虑到劳动者的岗位接触的商业秘密的重要程度及获取成本以及劳动者的补偿金等方面，由双方确定违约金数额。且竞业限制期限最长不超过两年。

四、解除劳动合同相关问题及对策

劳动合同的解除分为两种情况，即劳动者提出解除和用人单位提出解除。

《劳动合同法》第三十六条：用人单位与劳动者协商一致，可以解除劳动合同。

第三十七条：劳动者提前三十日以书面形式通知用人单位，可以解除劳动合同。劳动者在试用期内提前三日通知用人单位，可以解除劳动合同。

第三十八条：用人单位有下列情形之一的，劳动者可以解除劳动合同：

（一）未按照劳动合同约定提供劳动保护或者劳动条件的；

（二）未及时足额支付劳动报酬的；

（三）未依法为劳动者缴纳社会保险费的；

（四）用人单位的规章制度违反法律、法规的规定，损害劳动者权益的；

（五）以欺诈、胁迫的手段或者乘人之危，使对方在违背真实意思的情况下订立或者变更劳动合同使劳动合同无效的；

（六）法律、行政法规规定劳动者可以解除劳动合同的其他情形。

用人单位以暴力、威胁或者非法限制人身自由的手段强迫劳动者劳动的，或者用人单位违章指挥、强令冒险作业危及劳动者人身安全的，劳动者可以立即解除劳动合同，不需事先告知用人单位。

综上所述，即劳动者在解除劳动合同中占有优先选择权，即使合同期限还未到期，只需提前三十日书面告知用人单位（试用期内提前三日）就可以解除劳动合同，当然，劳动合同中如果约定了违约金或竞业限制则还需和用人单位协商相关的解决方案。

如果用人单位需要解除劳动合同，则需遵照以下条款。

《劳动合同法》第三十九条：劳动者有下列情形之一的，用人单位可以解除劳动合同：

（一）在试用期间被证明不符合录用条件的；

（二）严重违反用人单位的规章制度的；

（三）严重失职，营私舞弊，给用人单位造成重大损害的；

（四）劳动者同时与其他用人单位建立劳动关系，对完成本单位的工作任务造成严重影响，或者经用人单位提出，拒不改正的；

（五）被依法追究刑事责任的。

第四十条：有下列情形之一的，用人单位提前三十日以书面形式通知劳动者本人或者额外支付劳动者一个月工资后，可以解除劳动合同：

（一）劳动者患病或者非因工负伤，在规定的医疗期满后不能从事原工作，也不能从事由用人单位另行安排的工作的；

（二）劳动者不能胜任工作，经过培训或者调整工作岗位，仍不能胜任工作的；

（三）劳动合同订立时所依据的客观情况发生重大变化，致使劳动合同无法履行，经用人单位与劳动者协商，未能就变更劳动合同内容达成协议的。

我们可以看到，用人单位可以因为劳动者的过失和劳动者解除劳动合同，除了《劳动合同法》第三十九条的情况外，由用人单位提出的解除劳动合同，用人单位都必须向劳动者支付一定的经济补偿。劳动者根据《劳动合同法》第三十八条提出的解除劳动合同要求用人单位同样要向劳动者支付一定经济补偿。经济补偿按劳动者在本单位工作的年限，每满一年支付一个月工资的标准向劳动者支付。六个月以上不满一年的，按一年计算。月工资是指劳动者在劳动合同解除或者终止前十二个月的平均工资。所以在劳动合同的解除过程中我们应当注意以下几点：

（1）劳动者提前三十天（试用期提前三天）提出书面申请可以解除劳动合同。

（2）用人单位要解除劳动合同的，除非因为劳动者犯有较大过失，否则都要向劳动者支付经济补偿。

五、终止劳动合同的相关问题及对策

《劳动合同法》第四十四条规定有以下情况的，劳动合同终止。

（一）劳动合同期满的；

（二）劳动者开始依法享受基本养老保险待遇的；

（三）劳动者死亡，或者被人民法院宣告死亡或者宣告失踪的；

（四）用人单位被依法宣告破产的；

（五）用人单位被吊销营业执照、责令关闭、撤销或者用人单位决定提前解散的；

（六）法律、行政法规规定的其他情形。

其中需要注意的是第一款，在和用人单位签订的劳动合同期满后，劳动合同终止，但是用人单位必须依法向劳动者提供下一份劳动合同，如果不提供的，需要按规定支付经济补偿。如果提供的劳动合同各方面待遇低于上一份合同，而劳动者不愿意续约的情况，也要支付经济补偿。

[案例] 小李在某医院工作，签订的一份为期两年的劳动合同期满后，医院向小李提出了一份薪水待遇远低于现在水平的劳动合同，小李看到这份合同后拒绝续约，请问用人单位需要向小李支付经济补偿吗？

[分析] 本案例中该用人单位其实不打算聘用小李，希望他自己拒绝单位提出的劳动合同，以劳动合同期满为由终止劳动合同。但是根据上面的分析，该医院提出的这份合同，待遇远低于原合同，小李不愿意续约，所以用人单位应该依法支付经济补偿给小李。

在劳动合同终止时，我们应当注意：劳动合同期满后，除用人单位维持或者提高劳动合同约定条件续订劳动合同，劳动者不同意续订的情形外，其余情况都需要向劳动者支付经济补偿。

思考题：

1. 劳动合同的特征是什么？
2. 就业协议与劳动合同的区别？
3. 试用期约定的注意事项？
4. 违约金的约定要件？
5. 劳动合同的解除要件？
6. 劳动合同的终止情况？

第五节　社会保险的购买

一、社会保险的概念和类型

（一）社会保险的概念

社会保险是国家通过立法，强制征集基金，用于保障劳动者在暂时或永久丧失劳动能力时，或在失去工作期间基本生活需求的物质帮助的一种社会保障制度。目的是使劳动者在因养老、患病、伤残、生育、死亡、失业等原因，丧失劳动能力或中断就业，本人及其家属失去工资收入时，能从社会（国家）获得一种物质帮助。

我国《宪法》第四十四条规定："国家依照法律规定，实行企业事业组织的职工和国家机关工作人员的退休制度，退休人员的工作受到国家和社会的保障。"第四十五条规定："中华人民共和国公民在年老、疾病或者丧失劳动能力的情况下，有从国家和社会获得物质帮助的权利，国家发展为公民享受这些权利所需要的社会保险、社会救济和医疗卫生事业。"《劳动法》第七十条规定："国家发展社会保险事业，建立社会保险制度，设立社会保险基金，使劳动者在年老、患病、工伤、失业、生育等情况下获得帮助和补偿。"

（二）社会保险的类型

1. 养老保险

养老保险，亦称老年保险或年金保险，是指劳动者在达到法律设定的年龄退休时，国家和社会给予物质帮助的一种社会保险制度。

我国养老保险实行多层次（多支柱）的养老保险制度，即基本养老保险、企业年金（企业补充性保险）和个人储蓄性养老保险。

2. 生育保险

生育保险，是指国家通过立法，在女职工因生育子女而暂时中断劳动时，由国家和社会给予其生育期间必要的生育待遇的一项社会保险制度。

3. 工伤保险

工伤保险又称职业伤害保险，旨在为由于工作原因造成伤害（受伤、患病、肢残）或死亡的劳动者及其遗属提供经济补偿。

4. 失业保险

失业保险，是国家和社会为由于非自愿失业职工提供资助以保障其基本生活需要，并通过职业培训、职业介绍等手段帮助其实现再就业的社会保险制度。

5. 医疗保险

医疗保险是指在劳动者出现生病或伤残风险时，可以依法享受基本的医疗保险待遇的社会保险制度。

二、购买社会保险的流程

（1）当劳动者与用人单位签订劳动合同之后。

（2）由用人单位到相关的劳动与社会保障部门进行劳动合同备案并到相关的社会保险部门购买社会保险，整个过程由用人单位完成。

三、社会保险购买中常见的问题及对策

（一）何时购买社会保险

用人单位和劳动者签订了劳动合同后，必须从劳动合同签订之日起为劳动者购买社会保险。

（二）社会保险的缴纳标准

社会保险的购买是在一定基数上实现的。社会保险购买的基数是职工上一年度月平均工资，新进员工则以上一个月工资为基数。各城市每年均会公布最低基数标准和最高基数标准。

1. 养老保险

单位每月缴纳养老保险基数的20%，个人每月缴纳8%。

2. 医疗保险

单位每月缴纳医疗保险基数的10%，个人每月缴纳2%。

3. 工伤保险

单位每月缴纳工伤保险基数的0.5%，个人不承担。

4. 生育保险

单位每月缴纳生育保险基数的0.9%，个人不承担。

5. 失业保险

单位每月缴纳失业保险基数的2%，个人每月缴纳1%。

（三）社会保险购买的强制性

社会保险的购买是具有强制性的，凡与劳动者签订了劳动合同，用人单位就必须为劳动者购买社会保险。

[案例] 小王进入一家公司，签订劳动合同后，公司并没有为小王购买社会保险。小王向公司人事部职员咨询后，得到的答复是：已经将购买保险的钱发到小王的工资当中，小王查询后，发现工资中确实有一笔是社保费用。请问：该公司的做法是否合法？

[分析] 该公司的做法不合法。由于社会保险的购买是具有强制性的，该公司既然与小王签订了劳动合同就必须为小王购买社会保险，不得以任何理由拒绝或推辞购买。

案例来源:《江苏法制报》

[案例] 2002 年 10 月,苏州一家制衣设备公司聘请了驾驶员刘某。双方签订劳动合同的期限为五年。合同约定,若刘某擅自离职,应赔偿公司为其支付的社会保险费。但公司仅为刘某缴纳了 2003 年 4 月至 5 月的社会保险费525.36 元。2003 年 6 月,刘某因和公司发生矛盾而辞职,并发现公司未为自己缴纳 2002 年 10 月至 2003 年 3 月的社会保险费。为此,刘某向劳动争议仲裁委员会提起劳动仲裁。不久,仲裁委员会裁决公司应向社会保障机构为刘某缴纳 2002 年 10 月至 2003 年 6 月的社会保险费 3 152.16 元,并为刘某办妥解除劳动关系的手续。公司不服劳动仲裁的裁决,向法院起诉。原告诉称:双方签订的合同约定,合同期内若被告擅自离聘,应负担甲方损失费 9 000 元及养老保险金。2003 年 6 月 24 日,原告安排被告运送 200 只礼品烟灰缸,结果被告不工作回了家,致使价值 1 000 元的烟灰缸没有发挥作用。事后被告为了逃避责任,立即提出辞职,导致原告不得不高薪急聘驾驶员,造成很大损失。而被告不仅没有按照合同约定承担相应责任,反而提请劳动仲裁,要原告为其补缴 9 个月的社会保险费,并被苏州市劳动争议仲裁委员会裁决认可。原告认为,原、被告签订的劳动合同合法有效,被告理应承担相应的违约责任。为此,诉请法院撤销苏州市劳动争议仲裁委员会"要求公司为刘某补缴养老保险金"的仲裁裁决书,同时判令被告返还原告已缴的养老保险金 525.36 元。审理期间,原告自知难以胜诉,向法院提出撤诉。因该公司迟迟未履行苏州市劳动争议仲裁委员会仲裁裁决书,刘某向法院申请强制执行。在法院执行部门的努力下,该制衣设备公司终于按裁决书要求履行了相关给付义务,并为申请执行人刘某办妥了解除

劳动关系手续。

[**分析**] 本案中，用人单位与劳动者在劳动合同中约定，若劳动者擅自离职，应赔偿用人单位为其支付的社会保险费。这一约定的实质，是用人单位想逃避法律规定应当为劳动者缴纳社会保险金的法定义务。我国劳动法明确规定，劳动者享受的社会保险金必须足额支付，所以，双方的约定违反了劳动法规，因而约定是无效的，对双方不具有法律约束力。如员工违约造成用人单位经济损失，用人单位可以另行提出赔偿之诉。

综上所述，购买社会保险时应注意：

(1) 签订劳动合同之日起购买社会保险。

(2) 社会保险的基数根据职工上一年度月平均工资决定。

(3) 社会保险是国家强制要求用人单位为劳动者购买的，不能以任何形式理由拒绝购买。

思考题：

1. 社会保险的概念、种类？

2. 社会保险购买的注意事项？

第六节　劳动争议的处理

一、劳动争议的概念

劳动争议又称劳动纠纷、劳资纠纷或劳资争议，是指劳动法律双方当事人因为实现劳动权利和履行劳动义务而发生的纠纷。

二、劳动争议的处理机构

根据现行法律法规的规定，我国劳动争议处理机构有劳动争议调解委员会、劳动争议仲裁委员会以及人民法院。

（一）劳动争议调解委员会

劳动争议调解委员会设立在企业内部，由职工代表、企业代表和企业工会代表三方人员组成。劳动争议调解委员会是群众性自治组织，将劳动争议就地解决，易于及时查清情况、方便争议当事人参与调解活动。

（二）劳动争议仲裁委员会

劳动争议仲裁委员会是国家授权、依法独立处理劳动争议案件的专门机构，设立在地方各级劳动部门，向同级人民政府负责并报告工作。劳动争议仲裁委员会本身不是司法机构，但是其对劳动争议享有独立的裁决权，其生效的裁决书当事人必须履行。

（三）人民法院

我国没有劳动法院，也没有劳动法庭。我国劳动争议案件由人民法院民事法庭代表国家行使审判权。人民法院民事审判庭负责审理劳动争议案件，实行两审终审制，即劳动争议案件经过两级人民法院审理即告终结，当事人不得再就同一案件以同一事实、同一理由向人民法院再行起诉或上诉。

劳动仲裁是诉讼的前置环节，未经劳动争议仲裁委员会仲裁的案件，人民法院不予受理，当事人不得直接向法院提起行政诉讼。

三、劳动争议处理程序

（一）协 商

协商是劳动争议双方当事人在自愿、平等的基础上，就劳动争议的解决进行商谈，从而求得矛盾解决的行为。

协商不失为解决劳动争议的一种好方法，其可以减少争议解决的成本，建立和谐的劳动关系。但是协商必须是在双方平等自愿和相互信任基础上的协商，而且不能损害国家和社会的利益。

（二）调 解

调解是劳动争议双方当事人在劳动争议调解委员会的主持下，在查明事实、分清是非、明确责任的基础上，通过疏导、说服，促使当事人互谅互让，从而解决劳动纠纷的活动。

当事人应当自争议发生之日起30日内申请调解。调解是劳动争议处理的非必经程序，当事人不愿调解的，可以直接申请仲裁。

（三）仲 裁

仲裁是指一种和平解决争议的方法，也称公断。我国对劳动争议的仲裁属国家仲裁，即由国家授权的专门仲裁机关、行使国家仲裁权，对当事人之间的争议依法进行的仲裁。

仲裁程序是处理争议案件的必经程序。当事人应当从争议发生之日起 60 日内申请仲裁。

案例来源：《人民法院报》

[**案例**] 韩某于 1987 年 11 月进入某造船厂工作，1991 年因工受伤，后经劳动鉴定委员会鉴定构成伤残七级，享受有关的工伤待遇。2002 年 4 月，该造船厂因企业改制征求韩某意见后解除了双方的劳动合同，同时给予韩某解除劳动合同经济补偿金、伤残补助金等共计 3 万余元。2004 年 9 月，韩某向有关部门咨询时得知构成伤残七级的可以不解除与用人单位的劳动合同，遂申请仲裁，仲裁委员会经审查，认为申诉人的申诉请求已超过法定仲裁时效，决定不予受理。后原告向人民法院起诉。江苏省太仓市人民法院认为，根据我国劳动法的规定，仲裁应自劳动争议发生之日起 60 日内提出申请。本案原告已知自己的劳动关系被解除，领取了相应的待遇，在长达两年多的时间后再申请仲裁，也没有其他不可抗力的因素，已经超过了仲裁时效。法院遂于 2004 年 11 月 29 日判决驳回原告要求恢复与被告造船厂劳动关系的诉讼请求。

[**分析**] 根据《中华人民共和国劳动法》第八十二条规定，提出仲裁要求的一方应当自劳动争议发生之日起 60 日内向劳动争议仲裁委员会提出书面申请。由于韩某未在法定时效内向劳动争议仲裁委员会和人民法院申请仲裁和提起诉讼，故其失去了胜诉的权利。

（四）诉　讼

劳动争议诉讼是指人民法院对不服仲裁裁决，向法院提起诉讼的劳动争议案件进行审理，依法作出裁决的活动。

思考题：

1. 劳动争议处理的机构？
2. 劳动争议处理的程序？

第四章　大学生就业能力的
提升与完善

　　机遇总是垂青有准备的人。当今社会，就业竞争的压力日益加剧，就业的"门槛"越来越高。面对这种形势，大学生应充分认识自我，根据现代社会的发展需要，塑造自己，发展自己，积累求职资本，以增强自身的竞争能力，增加自己在就业时的筹码。

第一节　社会需要什么样的人才

一、社会对人才的评价和选择

　　21 世纪，社会发展进入了以知识经济、信息技术、经济全球化为特征的激烈竞争的新时期，人才已成为各国在激烈竞争中赖以生存、基业长青的核心战略资源。现代社会对人才的评价因素表现为多因素的综合，从现代国际社会发展及我国社会经济、政治、文化科技发展的需要来讲，要求人应具备的基本素质包括七个方面（如下图）：

```
                                    ┌─────────────────────┐
                                    │   思想道德素质        │
                                    └─────────────────────┘
                                    ┌─────────────────────┐
                                    │   现代科学技术知识    │
                                    └─────────────────────┘
                                    ┌─────────────────────┐
                                    │   专业技术知识        │
                                    └─────────────────────┘
   ┌──────────────────────┐        ┌─────────────────────┐
   │   社会对人才的评价和选择 │───────│   逻辑思维能力        │
   └──────────────────────┘        └─────────────────────┘
                                    ┌─────────────────────┐
                                    │   和他人合作的能力    │
                                    └─────────────────────┘
                                    ┌─────────────────────┐
                                    │   服从和执行命令的能力 │
                                    └─────────────────────┘
                                    ┌─────────────────────┐
                                    │   创新素质            │
                                    └─────────────────────┘
```

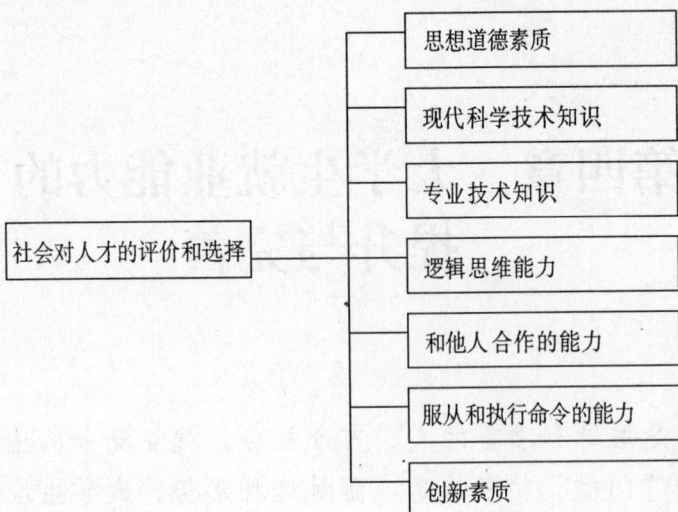

（一）思想道德素质

思想道德素质包括较强的国家意识、集体观念、民族情感、团队精神、公民意识，高尚的理想情操，积极的人生态度，正确的价值观念，良好的行为习惯，仁民爱物的道德品质，开拓进取的意识。

（二）现代科学技术知识

现代科学技术知识包括现代科学技术的意识和基本技能的掌握、有较强的认知能力、终身学习的观念、辩证的思维方法、高品位的文化修养、旺盛的求知欲望、正确的学习方法、合理的知识技能结构、较好的智能基础、积极的创造精神等，它们共同为人的全面发展打好基础。

（三）专业技术知识

专业知识是知识结构的核心部分，也是科技人才知识结构的特色所在。大学生应具备与自己今后本职工作相关的专业知识，对自己所要从事专业的知识和技术具有一定的深度和广度以及有质和量的要求，对概念体系、理论体系、研究方法、学科历史和现状、国内外最新信息等都要了解和把握，做到持续学习。

（四）逻辑思维能力

逻辑思维能力，又称抽象思维能力，包括运用概念、判断、推理来得出结论，以认识和反映现实世界的能力，在现实生活中，人们要完全地反映整个事物，反映事物的本质，反映事物的内部规律性，就必须经过思考的作用，将丰富的感觉材料加以去粗取精、去伪存真，由此及彼、由表及里的改造制作，形成概念和理论的系统，即从感性认识跃进到理性认识。

（五）和他人合作的能力

和他人合作的能力包括有团队合作意识、良好的沟通能力和亲和力，能协调与其他部门的工作关系，提高工作效率。一个具有领导才能的人才，应能领导一个集体以取得最佳成果，懂得如何激发周围人的热情，令他们团结一心、协调合作，在工作中最好地发挥个人及集体的作用。

（六）服从和执行命令的能力

服从命令是军人的职责，服从管理则应该是公司员工的第一美德，它同样也是广大员工取得成就的必备条件。尊重领导，服从领导的安排是员工的职责所在。员工一定要把服从作为自身职业素质和品德素质的重要内容加以修炼与提高，从自身做起，从小事做起，坚决服从上级的命令指示，做遵守纪律的好员工。

（七）创新素质

创新是人类所特有的生存和发展所必需的素质，创新意识是21

世纪人才的重要素质之一。社会的发展，科学的昌盛，技术的进步，使人们更加关注创新的重要性。创新素质要求人具备信息的选择和加工能力、动脑动手操作能力，要有创意、有创造性地发挥，应有发现新的思想方法、工作方法，以及达到、实现某个目标最佳途径的能力。

二、最受欢迎的七类人才

（一）领导型人才

这类型人才在社会人才结构中的比例较小，他们是领袖型、统帅型人才，如企业的职业经理人等。他们有全面管理的能力，熟悉宏观控制和微观运作。他们对组织以外的事物也能产生兴趣，他们知识渊博、思维敏捷、判断力、决策力、精力、韧性都很强，有卓越的创新意识，执行坚决、修正及时，胸怀宽广、胆识卓越，有很强的人格魅力。

（二）经营型人才

他们通常比较务实，非常精干，工作踏实，有一定工作经验和实务操作能力。他们既有现代化经济、技术知识，又有开拓创新精神，具有一定的指挥能力，有一定技术、能熟练示范操作，能带领下属很好地完成任务。

（三）专家型人才

这类型人才掌握现代化的专业知识、专业技能，是技高一筹的专业高尖人才，不墨守成规，善于学习、勇于探索、勇于创新发明。他们通常在企业里担任一个部门（或项目）的领导、管理工作。他们具有专业知识，能制订业务计划，能组织、指挥、激励、监督下属，执行坚决、修正及时。

（四）导师智慧型人才

这类型人才知识渊博、视野开阔、勤于学习、善于思考、长于启迪、甘为人梯。

（五）总经济师智囊型人才

这类型人才熟悉本行业务，长于运用经济杠杆和价值观规律，能创造最佳经济效益。

（六）总工程师型人才

这类型人才掌握着一门或多门专业技术，善于应用先进技术，长于协作，能推进技术进步。

（七）总会计师人才

这类型人才能遵纪守法，善于运用计算机技术、现代会计稽核技术，能有效的用财、聚财、生财。

三、当今社会最热门的十种才能

（一）管理才能

（1）具有计划、统筹、组织、指示、监控能力。
（2）善于明责授权，使部属各司其职，各尽其责。
（3）善于协调组织内外的各种关系。
（4）善听意见，集思广益，与上下同事通力合作。

（二）交流才能

（1）有良好的口才和较好的文字表达能力。

（2）有较强的综合分析能力和广泛的知识结构。

（3）能简明而有说服力地表达自己的观点，可对别人产生影响。

（4）以客观、开放的态度吸取别人的建议及反馈。

（三）处理问题的才能

（1）能全面思考问题，能分清是非，根据客观实际，准确找出问题的实质。

（2）思路清晰，有较强的逻辑思维能力，能对纷繁复杂的事件进行分析并得出合理结论。

（3）思维敏捷，反应迅速，能果断、有条理地解决问题。

（四）运用时间的才能

（1）拥有较强的时效观念，善于运筹时间。

（2）做到"高效时间"从事复杂性劳动，"低效时间"从事一般性劳动。

（3）能有效地利用"整批时间"，避免"时间陷阱"，在一段时间内尽可能排除一切干扰，专心致志地做一项重要工作。

（五）谈话才能

（1）有良好的语言表达能力。

（2）能体会对方意图，明确地听出对方谈话的重点。

（3）适时表达自己的意见，并清楚地向对方表达自己的想法，善于与公众打交道。

（六）组织才能

（1）能领导并激励下属，对问题了如指掌。

（2）能及时提出解决问题的方法和步骤。

（3）善于调动大家的积极性共同实现目标。

（4）能与同事之间有良好的工作关系和人际关系，并能帮助别人。

（七）预算才能

（1）善于理财和分析数据，权衡各种力量。

（2）通晓会计业务和公司业务活动的大致规律，明白行政、事业管理的基本要求，熟悉统计基本常识。

（3）了解与业务相关的经济法、会计法、合同法及财务收支标准、制度，具备会计学原理、审计学、管理会计等知识。

（4）懂得运用现代化手段进行工作。

（八）会谈才能

（1）思维有条理，吐字清晰，能准确清楚地表达所要传达的信息。

（2）谈话用词尽量科学准确，必须符合特定的身份和场合。

（3）能准确及时的掌握信息，善于判断是非及信息的重要性。

（4）在会谈时能及时提问，反应敏锐。

（九）写作才能

（1）有较强的文字组织能力。

（2）擅长各种应用文体的写法。

（3）有宽泛的知识面并有较强的综合能力。

（十）教学才能

（1）有传授知识的能力。

（2）有较强的语言表达能力。

（3）善于帮助别人增进学识、提高技能，并激发其积极性。

四、当今用人单位和社会所需要的毕业生

（一）改革（创新）意识强

创新是发展的灵魂，只有富有开拓创新精神和创造能力的人才，才能适应知识经济时代的发展，应付未来社会的实践。开拓创新主要包括以下三个方面内容：

一是创造性精神。创造性精神来源于强烈的事业心和高度责任感，它是创造活动的动力。

二是创造性思维。大学生的思维应变性强，就能够发挥自身优势，走出新路子，创出自己的特点。尤其是在科学技术突飞猛进、产品周期日益缩短的今天，没有创造性的思维，就不能适应知识经济时代的激烈竞争。

三是创造性实践。创造性实践过程是揭示新的科学概念和建立新科学理论的过程。一个称职的管理者，在创造性实践中，都能够很好地把握了解创造性活动的全过程。

（二）业务能力强

用人单位希望大学毕业生一方面应具备较扎实的专业基础理论知识和较强的动手能力，到了工作单位就能马上发挥作用；另一方面希望他们应有较高的外语水平，能熟练地阅读本专业的外文书刊、技术资料，口语水平也应较高，能和外国人直接打交道。同时，希望大学毕业生懂得经济、工商、计算机、法律等方面的知识。

（三）知识面宽

当今世界正处于新科学技术革命时代，知识爆炸、信息膨胀，知识更新的周期越来越短。因此，知识面不够宽，将造成毕业生在

求职择业时适应性差、竞争力差，在实际工作中缺乏创造性。

这就要求毕业生除了要精通自己的专业知识，能在实际工作中有效地运用外，还应掌握或了解与本专业相关、相近的若干知识和技能，并建立起较为有效的、合理的知识结构。也就是说，我们头脑中的知识不仅要专、精，而且要广、博。广大同学应十分珍惜在校期间宝贵的学习时间，努力拓宽自己的知识面，为将来求职做好充分准备。

（四）有较强的社交能力

现代社会是一个开放的社会，公共关系在市场经济的大潮中将理所当然地成为社会各组织发展运营中不可忽视的关键环节。因此，大学毕业生应当努力培养并具备公关素质，能够准确地认识到自己与别人在性格、学识、品德、爱好、要求、情感等方面的异同点，从而针对自己在某些方面的不足和薄弱环节，采取弥补措施，缩短差距，提高与人相处的本领，在与社会各方之间的接触和交流中，保持与他人良好和谐的人际关系。

五、不受用人单位欢迎的毕业生类型

（一）古董型

这类型的人属于只"专"不"活"的人，他们专业成绩好，但不会灵活运用。墨守成规，不愿意甚至是拒绝任何新鲜事物。这种不能主动适应变化着的时代的人，路子只会越走越窄。

（二）鲨鱼型

这类型的人属于尖刻、不合群的人，自以为是，自我感觉良好，不善于与人相处，对于集体活动通常采取拒绝的态度，感情淡漠，不懂得关心和体谅他人。

学生时代独来独往是可以的，某些事情借助个人力量也能办到，但是现代的工作往往需要众人彼此合作，这样的人如果再一意孤行，势必使自己孤立，影响到集体的工作效率，还容易被倡导"团队精神"的职业社会所抛弃。

（三）迟缓型

这类型的人属于"朝气不足"的人。

企业进行的只是进入公司的考试，不可能知道应试者的一切，应试者走入工作岗位后，人们就会关注他的实际能力的发挥。如果缺乏年轻人的朝气，则会被人视为朝气不足，要给人"能干点事"的印象，这尤为重要。在市场竞争中，那些动作迟缓、办事效率低下的人，将毫无疑问地被竞争大潮所淹没。

（四）机器型

这类型的人属于学无所成的人。

大学是从事教育和研究的地方，大学毕业生在学校就致力于某种研究且取得成果，进行一些前所未有的尝试，热衷于某事且能积极投身其中，对自己是一种难得的锻炼，对就业后的表现很有意义。如果这样，公司对你的积极性和忍耐力就会给予高度的评价。反之，大学的学习生活都是在懒惰中度过的学生则很容易败下阵来。缺少积极主动精神，想一想瞬息万变的社会愿意要这样的人么？

（五）庸碌型

这类型的人属于缺乏个性特点的人。

总有些学生不善口头表达，他们不具备凡事都说得有条有理的素质。但作为大学毕业生，本身应当充满魅力，才能给人好感。

（六）喇叭型

这类型的人属于缺乏责任感的人。

与无忧无虑的学校生活不同，进入单位工作后，每个人都要负一定的责任。缺乏责任感不但做不好自己的事，而且还会给别人的工作带来麻烦。呜哩哇啦，只喊不做，或雷声大雨点小的人，同那些"少说多做"的实干家相比，在竞争中更容易失去机会。

（七）狐狸型

这类型的人属于不善于与人相处的人。

现代的工作往往需要众人彼此合作，不善于与人相处的人，对于集体活动通常采取拒绝的态度，感情淡漠，不懂得关心和体谅他人，这显然会影响集体的工作效率。未来社会需要真正的实干家而非阴谋家，智慧与品德的结合，才会天下无敌。

（八）多病型

这类型的人属于体弱多病的人。

弄坏身体不仅是自己的损失，还会给集体添加麻烦，所以平时要注意健康保护，千万不可掉以轻心。因此，刚步入社会的年轻人要拥有能够适应环境的健康体魄。

第二节　提升就业能力

机遇总是垂青有准备的人。当今社会，就业竞争压力的日益加剧，就业的"门槛"越来越高。面对这种形势，大学生应充分认识自我，根据现代社会的发展需要，塑造自己、发展自己，积累求职资本，以增强自身的竞争能力，增加自己在就业时的筹码。

一、建立合理的知识结构

知识是人类认识客观事物的成果，是人类历史经验积累的结果，是人类智慧的结晶。一个人只有具备一定的知识才有相应的力量和能力，然而，个体在有限的时间内掌握知识的数量、质量是有限的。因此，面对当今社会不断发展变化的职业要求，能够根据社会需求，将已有的知识科学地重组，形成合理的知识结构，对于就业和成就事业是非常重要的。

（一）知识结构的类型

知识结构是指一个人知识体系的构成情况与组合方式，也即各种知识在知识总量中所占的比例、相互关系及相互作用。合理的知识结构是一个互相协调、比例恰当、具有一定层次的知识系统，它主要有以下三种类型：

1. "金字塔"型知识结构

这种知识结构形如金字塔，从塔的底部到塔尖有三个层次，从下往上依次为基础知识、专业知识、学科前沿知识。塔顶部是主攻目标或从事的职业目标。其主要特点：一是侧重于基础知识的广博性和宽厚性；二是侧重于专业知识的精深性；三是强调主攻目标的明确性。

2. "网络"型知识结构

这种结构是以所学的专业知识作为网络的中心，把其他与该专业相关的、有着较大相互作用的知识作为网络的外围，相互联合而形成适应性强，能够在较大空间发挥作用的知识结构，形如蜘蛛网。其主要特点：一是侧重于专业知识的核心地位；二是侧重于相关知识的相互连接，是知识广度与深度的统一，具有一定的弹性。

3. "帷幕"型知识结构

这种结构是指一个具体的社会组织对其组织成员在知识结构上

有一个总体的要求，而作为该组织的个体成员，由于工作岗位和工作职责范围不同，在知识结构的要求上也就存在着一些差异。这种知识结构强调个体知识结构与整体知识结构的有机结合。

21世纪是知识经济时代，更是人才素质竞争的时代，建立合理的知识结构有利于大学生适应社会的发展和变化，有利于大学生成为复合型"通才"，有利于大学生的终身学习，有利于提高大学生自身的综合素质。

（二）优化自身的知识结构

人才学理论告诉我们，每个成功的人都具有自己最优化的知识结构。大学生最优化知识结构的建构，取决于社会发展和经济建设对人才的需要。那么，当代大学生如何优化自身的知识结构呢？

1. 坚持广博与精深的辩证统一

所谓"广博"，即广采博学。现代科学技术发展日新月异，边缘学科和横向学科不断出现，技术上的高度综合、学科间的互相渗透，要求人们具有宽厚广博的知识。

所谓"精深"，即精通一门学科或方向。成功的人往往都是在宽厚的基础知识上对专业知识精益求精，从而成为某一学科、某一方面颇有造诣的专家。

只博不精，难以形成自己的特长优势；只精不博，视野不开阔，也难以深入下去。片面强调任何一方面的作用，都难以适应现代社会发展的需要，也很难在事业上有所建树。要建立合理的知识结构，就要把知识的广博与精深有机地结合起来，把精深的专业知识建立在广博的基础之上，并且尽可能地围绕专业目标扩大自己的知识面，才能为建立合理的知识结构奠定良好的基础。

2. 坚持理论与实践的辩证统一

合理的知识结构不仅是理论知识的有效积累，而且是实践经验的结晶。缺乏理论指导的实践是盲目的，而缺乏实践的理论又是空洞的。没有实践，理论就会枯萎；而没有理论的实践，实践就会缺乏指南。大学生应充分重视理论知识的累积，也应积极开展相应的实践活动，坚持理论联系实际，以构建合理的知识结构。

3. 坚持知识的积累与调节的辩证统一

知识的调节，一方面是要更新知识，防止知识的老化；另一方面是要增强实用性，防止与自己专业方向无关的知识所占比例过大，以致不适应职业岗位的要求，甚至降低一个人的能力。总之，知识的积累和调节必须统一于成才的目标之中。

二、发展自我，实践成才

能力是人们表现出来的解决问题可能性的个性心理特征，是完成任务或达到目标的必备条件。能力直接影响活动的效率，是活动顺利完成的最重要的内在因素。因此，大学生应把积累知识、建立合理的知识结构与锻炼自己各方面的能力有机地结合起来，才能使自己在择业、从业中立于不败之地。

自我决策能力、独立工作能力、动手操作能力、交流表达能力、人际交往能力、沟通协作能力、组织管理能力、心理承受能力、学习创新能力、综合运用知识的能力十个方面相互联系、相互作用，又相互区别。

（一）自我决策能力

自我决策能力是一个人能否独立思考、果断处事和独立完成某项工作的能力。它是大学生培养独立人格的最好方式。

未来的工作中，将不再有人会告诉你每一件事情分几个步骤，每一个步骤该怎样去做。各种问题以及它们的变化发展都需要我们自己迅速作出反应，及时处理。

大学生要培养自己的决策能力，首先要从日常小事做起，不要事事请别人为自己拿主意，要养成多谋善断的习惯，这样日积月累，在以后遇到重大事情时，才不至于无所适从。

（二）独立工作能力

毕业生是否具有独立工作能力，常常是用人单位考察的重要标准之一。因此，具有较强的独立工作能力，将使你在择业竞争过程中具有较大的优势。

解决问题的能力既是独立工作能力的具体体现，也是毕业生本人成长的基本条件，对毕业生今后的发展起着非常关键的作用。

生活中，有许多机会可以帮助同学们锻炼独立工作的能力。比如：

（1）毕业论文、毕业设计可以锻炼独立的科研能力。

（2）毕业实习可以锻炼独立的实际工作能力。

（3）担任班团干部可以锻炼独立的组织管理能力等等。

所以，大学生在校期间要有意识地积极参加这些活动。

（三）动手操作能力

动手能力也就是实际操作能力，大学生实际动手操作能力将直接影响到工作能力的发挥。

要提高自己的动手能力，一要多看，二要多练。看得多、接触得多，就可以掌握一些基本的操作程序和技巧；而练得多，才有可能真正提高自己的动手操作能力。

如果你基本功扎实，又具备较强的动手操作能力，一定会受到用人单位的青睐。

[**案例**] 小程是学电子技术工程的学生，他在参加一家
外资企业的面试时，用人单位的电脑突然出了故障，面对
即将开始的面试，主考官非常着急，这时小程毛遂自荐帮
助查找原因，仅仅用了十多分钟就排除了电脑故障，小程

也因此被该外资企业录用。

[分析] 动手操作能力对于大学生，尤其是医学类和工科大学生来说尤为重要。现实工作中，要求的是理论上要懂、实践中会干的人才，要求讲能讲出科学道理来，动手能干出样子来。

因此，大学生在校期间应积极组织、参加与专业相关的社团、参与教师的科研工作、参加暑期社会实践活动、担任班干部、寒暑假兼职（与专业相关）等，这些活动都有利于大学生实际动手能力的提高。

(四) 交流表达能力

交流表达能力是指应用语言阐明自己的观点、意见或抒发思想的能力，是人与人之间交往的基本能力。它主要包括文字表达能力、口头表达能力、数字表达能力、图示表达能力等。

文字表达能力的实质就是写作能力，写作是一种表现自我能力的重要形式。建议同学们多读一些写作方面的书，掌握写作的一般技巧，同时扩大自己的知识面，丰富自己的阅历。大学生在校期间可以充分利用学校社团活动来加强写作训练，提高自己的写作能力。此外，要多看，多练。

口头表达与文字表达一样，也是一种表现自我才能的重要方式。对于毕业生来说，表达能力的重要性是不言而喻的，比如，求职自荐信的撰写、个人材料的准备、回答招聘人员的问题、接受用人单位的面试等等，这些环节都需要较强的交流表达能力。

(五) 人际交往能力

人际交往能力也就是与他人相处的能力，是现代人必须具备的基本素质之一。

大学生在刚走上工作岗位时，由于初谙世事，阅历较浅，缺少经验，往往在各种错综复杂的关系面前茫然失措、无法适应。因此，自觉地培养良好的人际交往能力是非常重要的，真诚待人，协调好各种人际关系，有助于提高工作效率，促进事业成功。

在校期间担任学生干部或社团组织负责人，是锻炼组织领导能力的一种最好方式，同时也能帮助你与人相处，培养自己的人际交往能力，增强自己的择业优势。

提高人际交往能力的几个原则：

（1）**平等原则**。平等就意味着相互尊重。同学间交往的目的主要是在于共同完成大学的学习任务，这就规定了彼此应在人格上平等和学习上互助，并且主动了解、关心同事。苏霍姆林斯曾经指出，不要去挫伤别人心中最敏感的东西——自尊心。

（2）**相容原则**。即人与人之间的融洽关系，表现在对交往对象的理解、关怀和喜爱上。人与人的交往中经常会发生矛盾，有的是因为认识观点不同，有的因性格脾气不同，也有的是因为习惯爱好不好等等，由此相互之间会造成一定的误会。双方如果能以容忍的态度对待别人，就可以避免很多冲突。

（3）**互利原则**。古人云："投之以桃，报之以李。"人际交往是一种双向行为，我们在人际交往中，了解对方的价值观倾向，多关心、帮助他人，并保持对方的得大于失，从而维持和发展与他人的良好关系。

（4）**信用原则**。信用指一个人诚实、不相欺、守诺言，从而取得他人的信任。在人际交往中，与守信用的人交往有一种安全感，与言而无信的人交往内心充满焦虑和怀疑。对每一个立志成才的大学生来说，守信用使你的形象更添光彩。

（六）沟通协作能力

沟通能力是用人单位，特别是现代企业十分注重的一个方面。它不仅仅表现在是否具有较强的语言表达能力，也表现在是否能够耐心倾听他人谈话，迅速捕捉谈话重点，辨析对方需求；是否能协调好各种关系，客观看待和妥善处理好各种矛盾。

协作能力是大学生必须具备的一种能力。许多企业单位人事部门的负责人都反映，现在的大学生与人交际、沟通的能力比较差。

一个人能力再强，如果离开他人的支持与配合，就很难取得成功。随着科技的高速发展，社会分工越来越精密，部门与部门之间，个人与个人之间的协作关系日益密切。如科研项目的完成、工程计划的实施、工作的组织管理等，都必须具有协作精神。

[案例] 小赵学的是市场营销专业，成绩优异，思维敏捷，办事效率非常高。参加工作不足一个月，他接到了公司委托的一项市场调查任务，仅用了三天时间就完成了市场调查与分析，并根据公司目前的经营状况提出了振兴公司的新思路，写出了切实可行的计划书。为此，小赵深得总裁赏识，准备提拔他出任总裁秘书。可是，几个中层领导和员工代表却对此提出了质疑，一致反映他目中无人、狂妄自大，难以协调好企业内部和部门之间的关系。最终，小赵因群众基础差被按在了原地。然而，小赵并没意识到这一点，他抱怨公司没有伯乐，埋没人才，苦撑了两年之后，负气离开了公司。

[分析] 每个人的力量是有限的，只有取长补短，发挥集合力量，才能取得成功。在这个个性张扬的时代，团队协作能力越来越被重视，企业不需要个人英雄主义，企业管理者们非常看重的是员工的团队精神和协作精神。因此，大学生应积极参加各种集体活动，在活动中充分体验、感受竞争与合作的关系、个人与集体的关系，以及分工合作、组织协调对达到目标的重要性。放下架子，把心放平，建立亲和融洽的人际关系对职场新人是非常重要的。

（七）组织管理能力

组织管理能力是指为有效地实现目标，灵活地运用各种方法，把各种力量合理地组织和有效地协调起来的能力。它是一个人的知识、素质等基础条件的外在综合表现，主要包括计划能力、组织能力、实施能力、监督能力、指导能力。

为了顺利就业和以后事业的发展，大中专学校学生必须注意组织管理能力的锻炼和提高。

首先，担任班团干部是培养组织管理能力的有效途径。当学生干部虽然占用了一部分学习时间，也可能会影响学习成绩，但它可以使你学到许多书本上学不到的东西。

其次，积极参加社团活动也有助于组织管理能力的提高。通过社团活动，不仅能开阔眼界、活跃思想，还能为培养大学生的组织管理能力提供极好的机会。

[小故事] 去过寺庙的人都知道，一进庙门，首先是弥勒佛，笑脸迎客，而在他的背面，则是黑口黑脸的韦陀。但相传在很久以前，他们并不在同一个庙里，而是分别掌管不同的庙。

弥勒佛热情快乐，所以来的人非常多，但他什么都不在乎，丢三落四，没有好好地管理账务，所以依然入不敷出。而韦陀虽然管账是一把好手，但成天阴着个脸，太过严肃，搞得人越来越少，最后香火断绝。

佛祖在查香火的时候发现了这个问题，就将他们俩放在同一个庙里，由弥勒佛负责公关，笑迎八方客，于是香火大旺。而韦陀铁面无私，锱铢必较，则让他负责财务，严格把关。在两人的分工合作中，庙里呈现一派欣欣向荣景象。

[启示] 在用人大师的眼里，没有废人，正如武功高

手，不需名贵宝剑，飞花摘叶即可伤人，关键看如何运用，要将人才放在最合适的位置上。

（八）心理承受能力

心理调适能力，是指当面对困难、挫折、失败、突发事件等心理压力和心理障碍时，能够自我调节、缓解心理压力、排除心理障碍的能力。这种能力对于人的健康成长、成才是必不可少的。

在人生中，任何人都不可能总是一帆风顺、事事如意，难免会碰到一些不尽如人意的事，这时，需要我们学会忍受暂时的失败、寂寞以及人际关系中的不愉快，等等。

走向社会后，从相对单纯宁静的校园突然踏入了纷繁复杂的社会，难免会产生种种惶惑和不适应之感。毕业生应努力克服心理障碍，使自己在心理意识上与外部环境取得认同。学会适应，特别是积极而有效地进行"心理调适"，才能使我们在复杂的生活环境和工作环境中保持良好的、健康的身心状态。

[案例] 在第二次世界大战期间，一个新婚妻子随先生驻防加州，住在靠近沙漠的营区里。营区里生活条件很差，先生原本不让太太跟着一起吃苦，但是太太坚持一定要跟他去。

他们只找到了一间靠近印第安村落的小木屋，白天时气温闷热难耐，连阴凉一点的地方都有40多度；风总是一年到头呼呼地吹个不停，尘土弄得到处都是；旁边住的全是不懂英语的印第安人，漫漫长日极其无聊。

一日，她的丈夫必须外出两周参加部队的演习，剩下她一个人在家，更是寂寞之至。于是，她写信给母亲说好想回家，母亲很快回信给她，信中写道："有两名囚犯从狱中眺望窗外，一个看到的是泥巴，一个看到的是星星。"

她看了又看母亲所写的话，觉得惭愧，"好吧！"她想，"我就去星星那吧。"于是她走出屋外，和邻近印第安人交朋友，并请他们教她如何织东西和制陶。不仅如此，她还开始研究起沙漠来了，很快地，她成了沙漠专家，还写了一本有关沙漠的书。

是什么改变了她呢？绝不是沙漠或印第安人，只是她的态度转变，才化逆境为顺境而已。

[分析]"物竞天择，适者生存"。人的一生实际上就是一个不断适应的过程。适应的问题无时不在，不可避免地存在于我们的生命历程中。因此，当变故出现时，当失败和挫折发生时，当厄运和灾祸降临时，我们面对的首要问题便是：学会适应，特别是积极而有效的"心理调适"。这样才能使我们在复杂的生活环境和工作环境中保持良好的、健康的身心状态。

(九) 学习创新能力

学习创新能力是人们综合运用已有的知识、信息、技能和方法革旧布新和创造新事物的能力或寻找新的解决问题的方法。

在信息时代，知识的更新与发展呈加速变化，现在所学的知识可能很快会老化，甚至被淘汰，这就决定了人的一生要处于不间断的学习过程中。

适应社会的过程，就是一个不断学习、不断完善的过程。创新是无时无刻不在进行的事。它既包括发明创造、发现，也包括生活中的新的解决问题的方法，还包括看问题的新角度等。

[案例]有一个失业的年轻人坐在吧台旁，考虑前途的问题，一边用勺子搅拌咖啡，一边思考明天怎么办。突然，咖啡漾了出来，烫了他一下。这年轻人猛然想起：饮品这么烫，成人还可以，不会说话的婴儿会很难受，因为喂养婴儿的流质食品不好用手去测量，也不能以自己的口感来做标准，许多年轻的父母不知怎么办？于是年轻人用汤匙

和温度计合成一种新产品——温度匙，从而解决了育婴者的烦恼。

[分析] 创新是无时不存、无处不在进行的事。所以：

首先，应当适当地训练自己的创新能力，相信人人都有创新的能力和基础，在工作上或生活中作出创新行为。

其次，要有扎实的基础知识和专业知识，"巧妇难为无米之炊"，创新能力的开发与培养离不开一定的基础知识和专业知识的储备。

最后，要有敏锐的观察力、持续的思考能力和善于把握机会的能力。

（十）综合运用知识的能力

随着对外经济技术交流与合作的加强，国际的商务谈判和交往日趋频繁，这就需要大批的复合型和外向型人才。

首先，需具备较强的外语能力，能够与国外经济组织机构进行交流。

其次，要通晓国际经济事务运行的一般规则，并在处理国际事务中积累丰富的经验。

此外，需具有良好的职业意识与职业素养，一定的市场意识和较强的应变能力，爱岗敬业和团队协作精神。

三、素质的培养

素质是在人的先天生理基础上经过后天教育和社会环境的影响，由知识内化而形成的相对稳定的心理品质。其内容具体可划分为思想素质、道德素质、文化素质、科学素质、心理素质、身体素质等几个方面。一个人的综合素质如何，在其求职就业时具有决定性作用，因此，作为新时期的大学生，在读书期间，要注重自身多种能力的培养，通过能力的修炼，提高综合素质，有助于在走向社会的时候具有较强的竞争力。求职者应全面提高自己的综合素质，为将来就业做好准备。

（一）思想道德素质

思想道德素质大体上包括两个方面的内容：一个是马克思主义理论、理想、信念和政治方向的素质；一个是思想品德方面的素质。

1. 政治思想素质

一个人的思想政治素质，是通过一个人世界观、人生观和价值观体现的。政治思想素质不是抽象空洞的，它有丰富而具体的内涵。

具体到求职者来说，政治思想素质表现在以下几方面：具有正确的世界观、人生观、价值观；初步掌握马列主义、毛泽东思想、邓小平理论和"三个代表"重要思想、科学发展观的基本观点；具有初步的辩证唯物主义观点；树立社会主义信念，热爱祖国、拥护宪法、拥护党的基本路线、坚持改革开放；具有振兴中华民族、努力成才的使命感和责任感，关心国家时事，甘愿与国家同呼吸、共命运；具有探索精神、创新思维、崇尚真知、追求真理的恒心和毅力，锐意进取，在实践中认识世界、改造世界；遵纪守法，诚实守信，具有团结合作的精神和能力。

2. 道德品质素质

道德是由一定的社会经济基础决定的社会意识形态，是人们行为活动的规范或行为的准则，是调整人与人之间、人与社会之间关系的原则和规范的总和。

在校大学生应根据当前社会需求以及自身素质，加强道德品质的修养。

（1）社会公德。

在人与人之间的关系上，社会公德主要包括：

①文明礼貌。如仪表整洁，举止端庄文雅，语言文明礼貌，讲

究卫生，遵守各种公共场所的特定要求等。

②自尊与尊重他人。自尊是人际交往中的一种健康的人格态度，尊重他人即尊重他人的尊严与个性、学会宽容、平等待人；还包括尊老爱幼、待人和气、助人为乐等。

③诚实守信，以诚待人。

④遵纪守法，遵守公共秩序。

⑤维护社会公益，爱护公物。

⑥爱护与保护他人的劳动成果。

（2）职业道德。

职业道德是同人们的职业活动紧密联系的符合职业特点所要求的道德准则、道德情操与道德品质的总和，是从业人员在职业活动中应该遵循的行为准则。

在校大学生可以从以下几方面加强自身职业道德素养的培养：

首先，爱岗敬业意识。热爱所从事的事业、忠诚所从事的事业，是做好本职工作的前提条件。只有真正做到热爱本职工作，甘愿投身其中，才会在自己的工作岗位上勤勤恳恳；只有不断地钻研学习，一丝不苟，精益求精，才有可能为社会为国家作出崇高而伟大的奉献。

其次，勤业精业意识。勤，就是要行动。企业需要的是勤奋努力地工作，有吃苦精神的人才。在这个优胜劣汰的社会中，大学生要有吃苦耐劳的奉献精神，也要有开拓进取的创新精神。

再次，职业规范意识。它包括思想规范、作风规范、政治规范、法纪规范、业务技术规范，通常表现为一定的规章制度。对于每一个从业人员来说，能否充分到位地理解并正确执行这些规则，不仅表明其是否具备基本的职业素质，也直接反映出其职业道德水平。因此，在校大学生应自觉树立规范意识，培养遵纪守法、做事严谨的良好职业作风。

（二）科学文化素质

1. 科学素质

科学素质是公民素质的重要组成部分。它包括了解必要的科学技术知识，掌握基本的科学方法，树立科学思想，崇尚科学精神，并具有一定的应用它们处理实际问题、参与公共事务的能力。

在校大学生提高科学素质的方法途径：

首先，应具有执著的科学精神和严谨的工作态度，具有历史使命感和饱满的工作热情，具有明确的事业发展方向，并以满腔热情投身事业建设中。

其次，应视野开阔，善于思考，在工作中形成崇尚科学、勤奋学习、开拓创新的良好风尚。

最后，也是最重要的，业务人员应具备较强的实际工作能力，在了解、掌握先进知识和技术的基础上具有较高的专业技术水平，能灵活地分析解决问题。

2. 文化素质

文化素质是指人们对人文社会科学、美学、文学、自然科学、艺术等人类文化的基本知识的认知程度和掌握情况，主要包括文化品位、审美情趣、人文素养和自然科学知识。在这个知识经济的年代，用人单位对应聘者的文化素质要求越来越高，求职者需要拥有广博的知识和较高的文化修养，才能在激烈的竞争中占据有利位置。

（1）宽厚扎实的基础知识。

基础知识是知识大树之躯干，是知识结构的根基。

大学毕业生无论选择何种职业，也不管要向哪个专业方向上发展，都少不了宽厚扎实的基础知识，就像万丈高楼平地起，全靠基础来支撑。

特别是随着科技和经济的高速发展，社会的产业、行业、职业结构调整的速度必然加快，大学毕业生在择业、就业上已不可能再是从一而终，职业岗位随时变动的状况不可避免。要适应这种变化，必须靠扎实宽厚的基础知识。

大学教育的根本一点，是要扩大学生的知识面，把基础知识面拓得尽可能宽一点，这样学生就有了"后劲"。因此，大学生应该广泛涉猎文学、历史、哲学、音乐、美术、数学等，了解经济学、管理学、交叉学科和自然辩证法，从而拓宽知识面，开阔视野，形成一个专而深、宽口径、厚基础、活性大的综合性文化素养，以提高竞争力。

（2）广博精深的专业知识。

大学毕业生是将要从事专业性较强工作的高级专门人才。而专业知识是知识结构的核心部分，也是科技人才知识结构的特色所在。

所谓广博精深，是指大学生对自己所要从事的专业知识和技术具有一定的深度、一定的范围，有质和量的要求，对概念体系、理论体系、研究方法、学科历史和现状、国内外最新信息等都要了解和把握。

专博相济，专深博广，已成为当前人才素质的重要要求。

（3）大容量的新知识储备。

现代各类职业都要求从业者的知识"程度高、内容新、实用强"。

"程度高"是指知识层次高，知识面广。

"内容新"是指从业者的知识结构中应以反映当今科学技术发展状况的新知识、新信息为主。

"实用强"是指从业者的知识在生产、工作中有很强的实用价值。

人的知识结构并不是一成不变的，需要根据社会需求和职业具体需要而随时变化调整，以保持知识结构的最佳状态。大学生应以一种积极乐观的姿态去吸取知识、消化知识，锐意进取，开拓创新，为自己的择业拓展广阔的空间。目前用人单位普遍要求毕业生具有高学历，能够熟练地运用一门外语和使用计算机。

（三）身心素质

大学生要培养自己良好的心理素质和身体素质，保持身心健康。

1. 身体素质

身体是"革命的本钱"，身体素质是一切素质的载体，无论从事哪一种职业，都需要健康的体魄。现代社会生活节奏加快，各方面的压力大，没有健康的身体素质，很难胜任今天的学习任务和明天的工作职责。

良好的身体素质主要指强健的体魄、较强的耐力、灵敏的反应能力。

大学生应该始终养成良好的生活习惯，积极参加体育锻炼，自觉遵守作息时间，掌握卫生保障基本知识，培养健康而丰富多样的个人爱好，拥有良好的身体素质，以迎接社会对自己的选择与职业的挑战。

2. 心理素质

心理素质是人的整体素质的组成部分。它包括人的认识能力、情绪和情感品质、意志品质、气质和性格诸方面。在竞争十分激烈的今天，良好的心理素质成为用人单位选择人才的标准之一。

大学生在就业准备的过程中，要注意调整自己的心理障碍，保持健康的心理。那么，怎样才能使自己有一个健康的心理呢？

首先，要学会自我调节。能正确地认识自我，接纳自我，看到自己的优势、前景，减轻心理负荷，建立和谐的人际关系，乐于交往，以保持良好的精神状态。

其次，要做好充分的心理准备。树立正确的择业观；学会宽容，看问题不要极端化；培养良好的承受挫折和痛苦的能力；处理好自我价值的实现与社会的关系。

在激烈的竞争中，大学生除了应具备上述能力及素质外，还应具备一定的法律修养等其他素质。应将这几方面的素质全面、整体、和谐地发展，才能把自己培养成一名全面发展的现代化有用人才。

资料链接：学习十二种动物的精神

对待第一份工作的态度，在很大程度上决定着你是否能够顺利完成从一个校园人到社会人的转变。因此，正确的工作观十分重要。那么，刚入社会的新人应该如何建立工作观呢？

正确的工作观，有如人生路上的明灯，不但会为你指引正确的方向，也会为个人的职场生涯创造丰富的资源。以下是十二种动物的精神，在它们的身上可以看到不同的工作观。

一、尽职的牧羊犬

"新新人类"最为人诟病的就是缺乏责任感，作为一个新人，学习建立负责任的观念，会让主管、同事觉得孺子可教。抱着多做一点多学一点的心态，你很快就会进入状态。

二、团结合作的蜜蜂

新人进到公司，往往不知如何利用团队的力量完成工作。现在的企业很讲究团队合作，这不但包括借由团队、寻求资源，也包含主动帮助别人，以团体为荣。

三、坚忍执著的鲑鱼

新人由于对自己的人生还不确定，常常三心二意的不知自己将来要做什么。设定目标是首先要做的功课，然后就是坚韧执著地前行。途中当然应该停下来检视一下成果，但变来变去的人，多半是一事无成。

四、目标远大的鸿雁

太多年轻人因为贪图一时的轻松，而放弃未来可能创造前景的挑战。因此，要时时鼓励自己将目标放远。

五、目光锐利的老鹰

新人首先要学会分辨是非，懂得细心观察时势。一味地接受指示、不分对错，将是事倍功半，得不到赞赏和鼓励。

六、脚踏实地的大象

大象走得很慢，却是一步一个脚印，累积雄厚的实力。新人切忌说得天花乱坠，却无法一一落实。脚踏实地的人会让别人有安全感，也愿意将更多的责任赋予你。

七、忍辱负重的骆驼

工作压力、人际关系，往往是新人无法承受之重。人生的路很漫长，学习骆驼负重的精神，才能安全地抵达终点。

八、严格守时的公鸡

很多人没有时间观念，上班迟到、无法如期交件等等，都是没有时间观念导致的后果。时间就是成本，新人时期养成时间成本的观念，有助于日后晋升时提升工作效率。

九、感恩图报的山羊

你可以像海绵一样吸取别人的经验，但是职场不是补习班，没有人有义务教导你如何完成工作。学习山羊反哺的精神，有感恩图报的心，工作会更愉快。

十、勇敢挑战的狮子

若有机会应该勇敢挑战不可能的任务，借此累积别人得不到的经验，下一个升职的可能就是你。

十一、机智应变的猴子

工作中的流程有些往往是一成不变的，新人的优势在于不了解既有的做法，而能创造出新的创意与点子。一味地接受工作的交付，只能学到工作方法的皮毛，而只有能思考应变的人，才会学到方法的精髓。

十二、善解人意的海豚

常常问自己：我是主管该怎么办？有助于吸收处理事情的方法。在工作上善解人意，会减轻主管、共事者的负担，也让你更具人缘。

对于职场的新人，第一份工作不要太计较薪资，要将眼光放远，抱着学习的心态，才会有更光明的未来。重要的是，当你拥有了正确的工作观，继而在职场中发现别人的优点加以学习，观察别人的缺点予以警惕，第一份工作会让你受用无穷。

思考题：

你准备如何培养自己的职业素质？

第五章　精心准备应对挑战

　　求职择业的准备过程是漫长的，尤其是你想选择一个理想的职业，更需要为之付出艰辛的汗水。求职择业的征程从你迈入校门的第一天就开始了，并且贯穿在你学习生活的始终。对于自己未来的职业，不仅取决于你的理想，还取决于社会的需要，因此，在择业时，应当既要考虑社会发展的客观要求，又要兼顾个人的兴趣、爱好和特长。社会需要是施展才华的前提和舞台；个人的特长和爱好是实现实际需要的必要条件。马克思曾经说过："在选择职业时，我们应该遵循之主要指针是人生之幸福的我们自身之完美。"这种以"人生幸福"的"自身之完美"为目标作为选择职业之指针，也应该成为我们广大高校毕业生选择职业的指导思想。

第一节　信息的准备

　　就业信息是择业决策的重要依据，同时，也是成功就业的可靠保证。就业竞争从某种意义上来说也是就业信息的比拼，在就业信息量上占优势的大学生，在竞争中也会抢得先机。

一、了解获取信息的渠道

　　大学毕业生求职择业，不仅取决于社会的实际需要以及自身的能力素养，而且也取决于是否占有大量的就业信息。应该说，就业信息是毕业生求职择业的基础和必备条件，谁能及时获取信息，谁就得到了求职的主动权。

这里介绍几种获取信息的渠道供毕业生在实践中参考：

（一）学校的毕业生就业机构

学校的毕业生就业办公室和毕业生就业指导中心，同上级主管部门和社会各界保持着广泛而紧密的联系，而且经过多年的工作实践，与有关部门长年合作，已形成网络或稳定的关系。从学校得到的需求信息，可信度高，其针对性、准确性、可靠性都较强。这是信息来源的主要渠道。

（二）毕业生就业市场

毕业生就业市场是专门为毕业生和用人单位的"双向选择"提供服务的，它包括就业的有形市场和无形市场。有形市场主要是指由毕业生就业主管部门及学校与社会有关部门举办的各种类型的招聘会，毕业生可以充分了解用人单位的需求信息。无形市场是指社会或学校利用网络技术为学生提供更多的信息服务，它与各大型企、事业单位及其他用人单位相互联网，并为学校和毕业生提供查询服务。另外，毕业生到该市场查询到的本专业的需求信息也是比较准确可靠的。

（三）通过媒介如广播、电视、报纸等获得人才信息

我国社会主义市场经济的完善和发展，使人们越来越深刻地认识到传播媒介的重要作用，它不仅传播速度快，而且涉及面很广，信息也很及时。如高校就业信息网、各省教育厅就业服务网等。

（四）社会关系

自己的亲朋好友常分布在社会的各个领域、各条战线，通过他们了解社会需求信息针对性会更强。从自己的家长、兄弟姐妹以及亲戚、朋友、熟人中获取的信息，往往比较准确、直接。

（五）社会实践活动

大学毕业生通过实习、到企业参观访问、参加社会服务等社会实践活动，不仅能使自己所学的知识直接应用于生产，为社会服务，而且也开阔了视野，还可以有意识地了解到这些单位对毕业生的需求情况及素质要求等。毕竟，自己亲自了解到的情况往往是最真实的。

二、整理分析就业信息

对于搜集好的就业信息，要进行有效地筛选和整理。一方面，对于用人单位的需求情况筛选出对自己有用的信息，另一方面，关于用人单位对于毕业生的素质要求，要及时对自身进行审视与弥补，让自己做到符合用人单位的录用条件，才能提高就业竞争力。

第二节 资料的准备

随着大学毕业生就业制度改革的深入，大学毕业生通常通过与用人单位的"双向选择"，以确定就业去向。大学毕业生求职时其中一个重要环节就是要让用人单位了解你自己，有关你的情况不是一两句话就能说得清楚，当你第一次拜会用人单位的主管或领导时，不妨递上一份求职材料，这样做可以加深用人单位主管对你的印象，还可以为日后的进一步接触打下基础。求职材料是求职信、简历和证明材料的总称，是大学生求职过程中重要的物质准备。所以，材料准备是否充分，也在一定程度上决定着大学生求职的成败。

一、推荐表

毕业生推荐表是简历的一种形式，使用对象是普通大中专学校的学生，它除了具备简历的基本功能外，由于是学校、毕业生共同填写的，可信度极高，可以说是大学毕业生比较重要的一项资料准备。

（一）毕业生推荐表填写的原则

（1）真实。一份成功的推荐表给人的第一印象便是真实，推荐表要向用人单位展现的应是一个真实的自我，一个与你所求职业最相关的自我。所以，在推荐表上，一定要反映自己的真实情况，换言之，也就是写在推荐表上的文字都必须经得住考验。诚实是对一个应聘者最起码的道德要求，更何况用人单位很容易通过其他渠道了解到与你有关的各种信息。

（2）艺术。来源于现实而又高于现实，这就是艺术的特性。推荐表首先要真实，但是真实并不意味着什么个人情况都要在推荐表上苍白地反映出来，而是要有所取舍。成功的推荐表的关键是能否真实地表现你的最佳形象，所以，从这个角度上说，简历应当尽量艺术地展现出你真实的最佳一面。这与推荐表必须真实的原则并不矛盾，因为你所展现的最得意的一面也是你最真实的一面。

（二）毕业生推荐表的填写技巧

（1）毕业生基本情况。包括姓名、毕业学校、专业、学历、学制、培养方式等在内的内容。需要注意的是，假如你有多种联系方式，那么你应尽可能地都填上。

（2）择业志愿。择业志愿填写要简明扼要地表明应聘的类型或正在寻求的特定职位。

（3）辅修、培训情况及特长。假如你觉得学过的一些课程对你的求职有利，应尽可能地将这些课程的科目填入此栏。

技能培训包括：知识才能、语言能力、电脑软硬件、额外培训资格或其他有关经历证书、优点、成就、业绩等。

特长包括自己的兴趣、爱好、英语及计算机水平等，如有驾驶、美术、音乐、体育等特长也不妨列出来。

（4）担任职务、实践活动。大部分毕业生没有很多的社会经验，因此尽可能地列上所有有意义的社会经历、在校的实习、参加过的活动和志愿工作以及打工经历，如兼职在校内担任助教助研、自愿服务工作、学生活动、校报编辑、毕业实习、为网吧提供技术支持等。最好是将你的工作成绩总结出来。

（5）奖惩情况。如果你在校期间曾获得奖学金、论文奖、三好学生、优秀团员、优秀干部，成功举办过一些活动等，你应尽可能地把这些成绩填在此栏中。

二、求职信

（一）求职信应包括的内容

（1）用人信息从何处得来，说明自己希望从事何种工作；

（2）具备所感兴趣的岗位的哪些条件，如知识、技巧、特长，受过的训练和实践等；

（3）扼要总结自己的经历，并附上简历一份；

（4）求职信结尾，要提醒用人单位，请求回信或电话答复等。

（二）写求职信的注意事项

（1）针对不同的用人单位和行业，要使用不同的求职信；

（2）表明你能为用人单位做些什么，而不是他们能为你做什么；

（3）集中精力于具体的职业目标；

（4）不要对你的求职情形或人生状况持任何消极态度；

（5）直奔主题，表明个人的求职意愿；

（6）不要写没有实际内容的空话；

（7）内容尽量不要超过一页，除非用人单位向你进一步索要信息；

（8）不要出现任何书写或打印错误；

（9）所有的文档都要拷贝存档，包括你的信件、传真、E－mail，要记录保存好。

求职信例文：

尊敬的领导：

您好！

本人欲申请贵公司网站上招聘的计算机网络工程师职位。我认为自己符合贵公司的要求。今年7月，我将从××大学毕业。我的硕士研究生专业是计算机开发及应用。我系统地掌握了网络设计及维护方面的技术，同时我对当今网络的发展有深刻的了解。

大学期间，我多次获得各种奖学金，发表过多篇论文。我还担任过班长、团支书，具有很强的组织和协调能力，强烈的事业心和责任感使我能够面对任何困难和挑战。

互联网促进了整个世界的发展，我愿为中国互联网和贵公司的发展作出自己的贡献。

随信附上我的简历。希望有机会与您面谈。

此致

敬礼

×××

××年×月×日

三、简　历

　　个人简历就是自己学习生活的简短描述，它是你适合担当所申请的工作的证明。简历应尽量表现自己的长处，应表达适度，富有个性。简历以表格的形式制作较好，这样能表达清晰，使人一目了然。如：

个人简历

姓　名	×××	性　别	女	出生年月	1980.7	
籍　贯	山东济南	民　族	汉	政治面貌	党员	照片
专　业	临床医学			身　高	168cm	
专　长	文艺、体育、绘画、写作					
学习经历	1987.9—1992.7　　　　　春城小学读小学 1992.9—1995.7　　　　　云南大学附属中学读初中 1995.9—1998.7　　　　　昆明市第三中学读高中 1998.9—2003.7　　　　　昆明医学院海源学院临床医学专业（本科）					
主要社会 工作	初中、高中一直担任班长职务 1998.9—1999.7　　　　　昆明医学院海源学院临床医学专业一大班宣传委员 1999.9—2002.7　　　　　昆明医学院海源学院临床医学专业一大班班长					
其他工作 经历	曾任第一临床学院院刊编辑 曾任可口可乐公司促销员 曾任"舒蕾之星"大赛礼仪小姐 有两年丰富的家教经验					
科研经历 及成果	曾参加第七届"挑战杯"全国大学生学术科技作品竞赛论文《挤压伤脊髓腹角神经元 NT－3 表达的变化》获参赛奖					
奖励	1999.9—2000.7　　　　　昆明医学院海源学院"三好学生"、三等奖学金 2000.9—2001.7　　　　　联邦医学教育奖学金 2000.9—2001.7　　　　　昆明医学院海源学院"三好学生"、一等奖学金 2001.9—2002.7　　　　　云南省省级"三好学生"、"优秀班干部"					
外语及计 算机能力	通过 CET4、CET6 通过云南省计算机一级考试					

第三节　求职中的沟通艺术

大学毕业生在求职中少不了要与用人单位的领导或领导代表交流，你在求职过程中是否能如愿以偿，很大程度上取决于他们对你是否有良好印象和高度评价。这里面包含着高深的学问——沟通艺术。

一、第一印象的建立

美国郎德博士在他的《交际——要注意最初四分钟》一书中，再三告诫人们最初相处的四分钟对结交朋友的重要性，充分说明与陌生人打交道的第一印象是非常重要的。第一印象是某种客观事物首次作用于人的感官，在人的头脑中产生的对事物整体的反映，包括事物的外观形状、行为特点、价值评判等。人的思维把表面的、不完整的信息贯穿起来，从而把对象认识为一个统一的整体，形成一个关于此人的知识水平、文化素养、性格爱好、心理素质等的总体印象。这个印象就是第一印象。有人说，人们初次见面，往往在举手投足和眉目间，就有可能决定他们能否继续交往。大学毕业生要给用人单位的领导良好的第一印象，应注意以下五个方面：

（1）要注意礼貌用语。在与用人单位领导第一次见面时，一定要表现出谦恭有礼貌的态度。多使用"老师，您好"、"早安"、"请留步"、"再见"等礼貌用语。

（2）要以穿着表现个性。穿着可以直接表现一个人的个性和修养。穿着随便会给人邋遢的感觉；穿着过于华丽则会给人轻浮的感觉。因此，服装应力求整洁、庄重和协调，这样会给人留下美好的第一印象。

（3）经常面带微笑。微笑是一种无声的语言，它显示出一个人的涵养，对于树立良好的形象有极大的作用。

（4）记住对方的姓名。无论身处何种场合，当他人将对方介绍给你时，必须马上记住对方的姓名，唯有如此才能显示出你对对方的尊重。

（5）善于倾听。与用人单位领导或同事第一次见面交谈时，当你说明来意后，要善于倾听对方的谈话，让对方感觉到你的尊重和兴趣，也可以获得必要的信息，以便调整自己的说话内容，切不可甩开对方夸夸其谈。在求职时倾向于以自己的意见、观点、感情先影响别人，切忌喋喋不休地谈个不停。这种只顾满足自己需要，全然不顾对方反应的交谈方式是求职交谈的天敌。心理学家兰金指出，人们日常的语言交往活动，听的时间占54%，说的时间占30%，谈的时间占16%，写的时间几乎为零。也就是说，在正常情况下，一个人一天中花在听上的时间超过其他语言传播行为的总和。

二、语言沟通

语言沟通是大学毕业生在求职过程中与用人单位交流的重要形式。有效的语言沟通是大学毕业生在求职中取得成功的重要保证。在语言沟通中，要注意以下三点：

（一）把握双方的特定关系

大学毕业生在求职过程中与用人单位（领导或领导代表）形成的关系是一种双向选择的关系。它不是一种主动与被动的关系，而是双方平等的互动关系。大学毕业生在与对方进行语言沟通时要保持不卑不亢的精神状态，自卑和自傲都是无益的，因此要特别注意把握说话的分寸。

（二）有的放矢

大学毕业生在与用人单位进行语言沟通时，需针对机关、事业单位、企业的不同特点进行交流，特别是要考虑具体交流对象的具体情况。具体说来：

一是要考虑对方的知识水平。交际对象的交际水平常常与他们的活动、职业、文化教养有关。由于个人的经济地位和文化教养不同，对语言形式的识别能力、话语意义的理解水平也不一样，这就要注重言语表达上的量力性原则。

二是要考虑对方的思想水平。一个人的思想水平同样会影响到其对谈话的理解洞悉能力。为了增强语言的表达效果，大学毕业生在求职时要注意针对交际对象的思想水平来选择恰当的语言形式。

三是要考虑交际对象当下的心境。在进行言语沟通时，还要根据实际对象的心情、处境选择恰如其分的言语形式，这样可以收到更好的效果。

（三）体现个性

与用人单位领导交谈要讲究交谈时的礼节，态度要谦逊，又要注意措辞的严肃性，以示对领导的敬重。若与用人单位的年龄相仿的年轻同事交谈时，既要注意礼貌，又不能过于"古板"。

三、非言语沟通

大学毕业生在求职过程中与用人单位除了言语的沟通外，还会发生非言语的沟通。掌握非言语沟通的技巧是大学毕业生求职成功的重要方面。

（一）面部表情

面部是人身体中表情最丰富的部分。面部表情对人们的意思表达起着不可忽视的指导作用，它是衡量人的情绪的客观指标之一。了解面部表情的各种细微差别，不仅可以判断对方的情绪，控制和调整自己的情绪，而且有助于双方感情的沟通和交往的升华。

如皱额头，一般表示关怀、专注、不满、愤怒或受到挫折等情绪。双眉上扬，双目大张，一般表示惊奇和惊讶。皱鼻，一般表示不高兴、不满或遇上麻烦等。紧抿嘴唇，一般表示对周围环境和人有一种不肯定的感觉。

当然，这里讲的只是一般情况。在实际交往中要注意把握具体的情况，抑制做出不利于交流的面部表情，适度表现利于交流的面部表情。

（二）仪表服饰

在大学生的求职过程中，仪表发挥着越来越重要的作用。仪表服饰是一个人自我的扩展延伸，是一种"无声的语言"。得体的着装、端庄的仪表能体现一个人的审美观，也能反映出一个人的内在素质和修养。

在双向选择的过程中，求职者同招聘人员第一次见面时，个人的着装、仪表、风度、气质等会给对方留下一种最初的印象。比如：穿着新潮、花样翻新，表征一个人个性活跃、性格开朗；穿着保守，表征一个人个性严肃、拘谨；同样，如果你衣衫不整、不修边幅，会给人邋遢不羁、不拘小节的印象。由此可见，第一印象的好坏将决定求职者最终是否被录用。

关于男生：

穿西装最为合适（但不一定非要穿西装），价格不必太贵，但要平整挺括，并配上相应的衬衣、领带和皮鞋。

西装以净色为宜，可深可浅，如此显得庄重高雅。

若是新买的西装，必须去掉衣袖上的商标。

西装的口袋不要装物品，西服最上边的口袋不要插钢笔。

西装除最下面的扣子以外其余须全部扣上。除非必要，不要脱下上衣，以免影响形象。

衬衫不能太旧，衬衣领一定要平整，并且衬衣袖子应要长于西装袖2cm～3cm。

领带要打得端正，长度应刚好遮住皮带。

无论冬夏，都须穿皮鞋，俗话说"西装革履"，鞋子宜选择黑色、深棕色等深颜色，否则会给人头重脚轻的感觉。

头发干净整洁无汗味，不染彩色头发，头发不扫后衣领，不掩住耳朵。衣领和肩部不要沾上落发和头屑。

面部清洁，胡须要剃干净，不要让鼻孔内的汗毛长出鼻孔。

关于女生：

穿套装或套裙（职业装）最为适合，给人一种文雅、端庄的感觉。

着装以净色为宜，可深可浅，如此显得庄重高雅。

着装的样式简洁，质地细腻，不应有过多的修饰如花边等。要同自己的身材和学生的身份相符，追求朴实、大方、充满青春的气息。

不戴配饰，不要穿低胸上衣，不穿质地透明的裙子。

肉色连裤袜子在社交场合最适合。

穿职业装宜搭配较精致一些的皮鞋，鞋跟要适度且不宜钉铁钉，以免走动时咯咯作响。

可以化妆，但要化淡妆、自然妆，要让人感觉到从远处看没有化过妆，漂亮；近处看原来是经过精心修饰，很漂亮。

口红颜色不宜太鲜艳，最好是"不沾杯"。

指甲要做到修剪得体、整洁、干净，不要涂指甲油。最好不用香水，化妆品的气味要尽可能清淡。

头发干净整洁，不染彩色头发，发型得体，与学生的身份相符。

（三）神　态

神态是一个人内心活动的外在表现。在与用人单位交往中，大学毕业生应注意保持良好的神态。第一，运用好微笑。在人类的交际实践中，面带微笑最容易受到欢迎，这是因为微笑在外观上给人以美感，而且微笑常常带给人满意的信息和友好热情的情感。微笑的内涵十分丰富，它既表示友好礼貌，又象征着自信和成熟。第二，运用好眼神。常言道："眼睛是心灵的窗户。"在与用人单位领导或同事进行交往时，要注意发挥眼睛的表达作用。在与人交谈时，眼神不可乱用，以免引起对方不悦或误会；不要东张西望，因为东张西望即表现心不在焉；看人时不要死盯着人的生理缺陷。总之，眼神应该自然、稳重、温和，这样使人感到亲切，可以信赖。

第四节　应聘技巧

面试是整个求职过程中最需要技巧的部分，在求职择业的时候，面试技巧几乎起到了决定性的作用。在求职大军中，既有使用技巧得当的成功者，也有缺乏技巧或者技巧使用不当的失败者，甚至有由于在举手投足间的不当失去理想的工作而铸成终身遗憾的。从这一意义上说，应聘技巧是一门艺术，它是求职择业成功的重要因素之一。可以毫不夸张地说，娴熟的应聘技巧是择业实现理想、事业走向成功的"金钥匙"。

一、自我介绍的技巧

（一）准备在先，成竹在胸

面试过程中的第一个环节经常是要求你用 3 分钟的时间作简单

的自我介绍。关于此问题，最好事先准备 400～600 字的自我介绍，这样可避免紧张，且层次清晰、易于表达，往往能给招聘人员留下一个好印象。

（二）求职诚恳，态度积极

应聘者对用人单位的了解、关注以及到用人单位的决心的程度，很大程度上决定了其是否被录用。自荐信、个人简历等材料的呈交，要及时、及早。为了使用人单位更全面地了解自己的情况，事先应做好各种材料的准备，不等对方索要，自己主动呈交；不等对方提问，自己主动介绍；积极等待对方讲话，主动询问。这样往往会给人一种"态度积极、求职心切、胸有成竹"的感觉。

（三）层次清晰，要有闪光点

自我介绍时，应重点突出自己的能力和学识，对于自己的专长、经验、能力、兴趣等可以详细介绍。为了取得对方的信赖，有时还要举例说明。比如：大学期间获得的奖励、发表过的论文、承担的社会工作或某些工作经验、社会阅历、特长等。要突出自己的优势和闪光点，因为与众不同的东西可能就是你的魅力所在，但闪光点不宜过多。此外，平铺直叙、过分谦虚有碍于用人单位对你全面了解和正确评价。

（四）表达通畅，实事求是

表达清晰流畅，语速、音量适中会给人留下思路明确、条理清晰的印象。所以，介绍自己各方面的情况时，一定要有条不紊，有理有据，是一说一，是二说二。实事求是，优势不羞谈，缺点不掩饰，客观全面，不能吹嘘或夸大，尤其是在介绍自己以往学习、工作上所取得的成果时，一定要恰如其分，否则会适得其反。如果夸张了自己的德智体综合成绩，最后被用人单位发现，结果可想而知。

（五）针对应聘岗位，展示自己的优势

针对应聘岗位对人才的具体要求，强调自己的专业所长以及针对所应聘岗位所具备的基本素质，这样才能使招聘者相信你是最理想的应聘者。比如：用人单位招聘医生，你介绍自己如何具有管理才能，就不如介绍自己的医学知识水平、专业技能和做过××手术；用人单位招聘科研人员，你展示自己的语言才能，就不如展示自己的学习成绩和科研成果来得实在；而用人单位招聘管理人员，你的学生干部经验及组织管理才能可能更受重视。

总之，自我介绍既要事先准备、求职诚恳、态度积极、重点突出、层次清晰，又要表达流畅、实事求是、展示自己的优势。如果只顾全面，就会形成流水账，缺乏吸引力；如果只图闪光点，难免会有哗众取宠之嫌，只有把以上各点综合运用，才有助于实现自己的就业意愿。

二、赢得好感的技巧

成功的自荐就是赢得用人单位的好感，而赢得好感也就达到了求职目标的一半。但赢得好感不是一件容易的事情，它往往受到招聘者的思想、观点、性格特点以及求职者的实力及自荐表现诸多因素的影响。但只要掌握好以下四点，赢得好感也是不难做到的。

（一）谦虚谨慎

向用人单位推荐自己时，切忌过高估计自己，处处炫耀自己；也切忌对用人单位评头论足，那样也会引起招聘者的反感。一个善于尊重别人的人，才会受到别人的尊重；一个对别人有好感的人，才会得到别人的好感。即使自己有过人之处，也应该以谦恭的态度向对方展示；即使自己有好的建议，也应该以委婉的言辞提出。前

来招聘的人不是单位领导就是专业骨干或人事干部，他们从事本职工作多年，一般来说对有关专业知识比较了解。初出茅庐的求职者倘若在他们面前妄自尊大、班门弄斧，显然不会取得他们的好感。

（二）自信大方

向用人单位推荐自己时要自信大方，极端羞涩、懦弱、过于自卑的做法不可取。具体讲，自我推荐时洪亮的声音、口齿清晰的语言、从容的举止都能表现自己的自信心。那么，如何树立必胜的信心，表现出恰当的自信呢？下面介绍四种培养自信的方法：

（1）刺激目标意识。为了使应聘取得成功，你要有为实现目标付出极大努力而达到忘我境界的态度和精神。

（2）充分肯定自己。拿破仑有句名言："我的字典里没有不可能。"在应聘的过程中，你要意识到作为一个正常人，你有自己的长处，并且具有某种特长和优势，要尽可能抛弃"不可能"的意识。

（3）幽默与自嘲。幽默感是克服自卑心理的良药。在你情绪失常时，为了不使自己陷入失败的懊丧中，若能超然于自我之上自嘲娱人，自信心就会回到你的身边。

（4）整洁得体的着装。整洁得体的着装不仅显示出一个人的精神状态，也使人在自我完善中得到心理的满足，从而使自信心油然而生。

（三）文明礼貌

礼多人不怪，礼仪是道德的一种外在表现形式，它在人际关系的调节中具有不可忽视的作用。以礼待人是赢得好感的基本原则之一，而礼貌的言谈举止是其基本的表现形式。毕业生求职过程中，不管招聘人员是谁，都称呼对方"老师"最好。

（四）认真细致

用人单位都喜欢办事认真细致的职员。自荐材料应书写工整，无涂改的痕迹，语法用词得当，无错别字，标点符号准确无误，这些都会给人以办事认真细致的印象。

三、面试的形式

（一）非结构性面试和结构性面试

按照面试是否具有既定模式分类，可以分为非结构性面试和结构性面试。

（1）非结构性面试，没有既定的模式、框架或程序。面试考官可以"随意"地向求职大学生提出问题，而且对求职大学生来说也没有固定的答题标准。这种"随意"并非海阔天空的闲聊，面试考官必须在谈话过程中对求职大学生进行观察，从总体上把握面试的效果。

（2）结构性面试，也叫模式化面试。面试考官事先就详细拟定要问的问题以及这些问题的参考回答。结构性面试一般来说比非结构性面试更有效，但它的灵活性不如非结构性面试。

（二）压力式面试和评估式面试

按照面试的方法分类，可分为压力式面试和评估式面试。

（1）所谓压力式面试，是指主考官有意对求职大学生施加压力，使其焦虑不安的面试形式。

有这样一个实例：

某广播公司招聘一名广播记者。李安是参加面试的应聘者之一。面试过程中，女考官突然问他："李安先生，您说您有很好的文学写作水平，而且发表过很多文章，可是我在您的自我评价中居然看到了两处语法错误，现在既没有多余的表格，也不能涂改，这对您来说可是比较麻烦的事了？"

　　李安整理思路，回答道："为了弥补失误，我请求附一张'更正说明'，说明在那两处出现了语法错误，实属粗心大意，特此更正，并向各位致歉。但是……"李安顿了一下说："在发出这份'更正说明'之前，我想知道错在哪里，因为如果不知哪里有错而错误地发出'更正说明'，可能会导致错上加错，而且我实在不相信会有错误，因为那是经过仔细考虑才写上去的。"

　　听完李安的回答，女主考官和四周的同事们相视一笑。

　　最后，李安以面试第一的成绩进入了该广播公司。

　　（2）评估式面试主要用于员工的绩效评估。

（三）情景式面试和工作相关性面试

　　按照面试的内容分类，可分为情景式面试和工作相关性面试。相关性面试提出的问题，是与求职大学生以前从事的工作有关的，而情景式面试主要是为了今后的工作，围绕一些假设的情景而提出的。

　　（1）情景式面试是让求职大学生处于某一种具体情景中，根据大学生在该情景中的一些行为来观察其各方面的能力的面试形式。

　　（2）在工作相关性面试中，求职大学生大都是有过某方面工作经验的人员。主考官向应聘者询问一些与以前工作有关的问题，以了解求职大学生处理这些问题的方式、态度等。

　　有这样一个实例：

　　某国内大型私人企业招聘办公室工作人员，竞争非常激烈。有两名大学生闯入"决赛"，接受办公室主任的最后考核。

　　当这两个人分别走进办公室的时候，办公室主任坐在那里看文件。当时正值冬季，办公室主任却开着空调敞着门。并且办公室内勤有事请假，沙发比较凌乱，办公室没有水喝。

　　第一位大学生进去后，发现了问题，没有多想，更没有在意，也没有管。

第二位大学生进去后，看着空调开着，就先转身轻轻把门带上。主任让她坐下时，她动手把沙发重新整理了一下，然后才坐到沙发上面。当主任婉转地告诉她没有热水给她喝的时候，她略微思考了一下，就拿起地上的空壶，问主任打水的地方，然后走出去打水。当她很快提来水，给主任和自己分别倒上一杯，准备继续面试时，主任笑着告诉她，她已经被录用，明天就可以来上班了。

（四）单独面试和小组面试

按照面试时求职大学生人数分类，可分为单独面试和小组面试。

（1）单独面试有两种类型：一种是面试过程中只有一个主考官对一个求职大学生提问；另一种是面试中有多位主考官，他们依次对同一个大学生进行提问。

（2）小组面试又称为集体面试。面试时多位求职大学生同时面对主考官，回答同样的问题或完成同样的任务。这种面试方式主要用于考察求职大学生的人际沟通能力、洞察与把握环境的能力、敏捷地进行思考的能力、恰当地表达自己的能力以及善于与他人竞争的能力。

有这样一个实例：

一个日本公司对求职者进行集体面试，讨论的题目是：假设你是一家很注重人种平等的公司的管理人员，有一天你突然听到你的下属开了一个人种歧视的玩笑，你会怎么处理？

集体讨论实际上是模仿工作中的会议。要明确会议的目的是什么，参加会议的人在会上分别承担什么样的职责，会议如何进行以及会议所要讨论的议题有哪些条件、背景等。只有明确了这些问题，会议才能顺利进行。

因此，集体面试不仅仅是考查应聘者的头脑灵活程度，最主要的是考查一个人的组织协调能力和分析、处理实际问题的能力。

（五）特殊面试

这里举几个例子：

第一，进行吃饭比赛，由主考官提供工作午餐。

请求职大学生吃饺子。吃完以后，主考官突然问各人一共吃了多少个饺子？有的大学生根本没有数过，茫然无知；有的则数了自己吃的饺子数；还有个别的不仅把自己吃的数了，连别人吃了多少也都清楚。

这种测试主要是了解求职大学生的观察力和细心程度。

在某个快件速递类职位的面试中，主考官招待求职大学生吃一顿难以下咽的饭菜。主考官吩咐大家慢慢吃，吃完后到会议室集中。实际上，最快吃完饭的大学生就是面试的胜利者。

因为主考官经营快件速递类业务，需要身体健康、工作效率高的员工。吃饭速度快的人往往具备这两方面的特点。有趣的是，该面试中大学生吃饭速度的名次，竟往往与进公司后的业绩成正比。

第二，要求看见小事。

福特在大学毕业后，去一家汽车公司应聘。他敲门进了董事长的办公室，发现办公室的门口有一张纸，他弯腰捡了起来，发现是一张渍纸，便顺手扔进了废纸篓。然后走到董事长的办公桌前，说："我是来应聘的，我姓福特。"

董事长说："很好，很好，福特先生，你已被我们录用了。"福特很惊讶，董事长说："福特先生，前面几位的确学历比你高，而且仪表堂堂，但是他们的眼睛只能看见大事，看不见小事。你的眼睛能看见小事，我认为能看见小事的人，将来自然能看见大事，所以录用你。"

果然不出那位董事长的所料，福特成为"美国福特汽车公司"的创始人。

第三，"间谍"刺探军情。

有些招聘公司让自己的员工装扮成求职大学生，混在真正的求职大学生中间。求职中遇到这种情况时，要注意谈话的内容和态度，因为在闲谈中稍不注意就会流露出面试时不愿讲的真话。"随时都在进行面试"这根弦，一定要在头脑里时时绷紧。持有"这家公司确实是我的第一志愿"，"不管如何困难，我一定要进入这家公司"等想法，闲聊得体、迎合主考官心理的求职大学生，才能在面试中获胜。

第四，韧劲考验。

甄宪伟是个心高气傲的高材毕业生。接到面试通知后，他提前来到公司所在的大厦门口。按照规定，大厦的警卫要对所有来访者登记，等里面的人确定之后，才可以放外人进去。

甄宪伟说出了自己要去参加面试的房间和电话，但是保安无法联系上对方，因此拒绝让甄宪伟进入大厦。甄宪伟虽然心存疑惑，但是仍然耐心等待。当约定的面试时间已经过了一刻钟以后，那家公司的电话拨通了，甄宪伟参加了面试。

为达到目的，百折不回，这就是某些公司故意对应聘者的应变能力与韧劲的考验。

第五，通过说话招人。

有的公司让大学生站在人群拥挤的车站前宣传公司产品，以此来作为录用的标准。

通过这种面试，看大学生说话是否自信，音量、音质、音调、音色如何，同时还考察大学生能否准确无误地表达原文（用人单位提供的相关资料）的内容。

第六，要求不怕跑腿。

大学生发出求职信后，可能会接到某公司的电话，告诉你某某材料不太清楚，要你去证实；或者是有要紧事商量，去了之后，其实什么事也没有，只是说秘书误会了；或者通知去面试，到了公司却被告知说总经理因为有急事，刚坐飞机走了……

通过类似这种让人跑腿的面试方法，可以考查大学生对待跑腿的忍耐力。

第七，组织长跑比赛。

美国一家公司在招聘广告上明确提出：本公司喜欢赛跑，只录用跑到前20名的选手。

公司会出钱请一些本市长跑高手来助阵。为了应试成功，想获得这份工作的人不得不坚持好几个月的长跑，以图进入前20名。这样一来公司就会招到一大批富有活力、身体健康、有竞争意识的员工。

四、面试中的失败案例

（一）期望值过高

[案例] 王鹏来自云南罗平，临近毕业，还未找到工作。刚好罗平有一家制药厂要他，专业对口，又是家乡，但他本人的择业意向却是：单位地点必须在昆明市，期望当公务员或进事业单位，待遇要高。

[分析] 王鹏的思想在当前毕业生的择业过程中具有一定的代表性。不少毕业生过于向往经济发达地区，尤其是沿海地区的中心城市。他们只注重大城市经济文化发达、工作环境优越的一面；而忽视了其人才济济、人力资源相对过剩的一面。目前，大学毕业生的择业期望值居高不下，甚至还有逐年上升的趋势，从而导致主观愿望与现实需求之间的巨大落差。

（二）信心不足，缺乏主动

这类毕业生由于对自己缺乏客观的认识和评价，只看到自己的缺点，导致在求职过程中，只会一味地否定自己，缺乏信心，不敢主动出击，最后就会错失良机。

（三）自负而失败

[案例]民办高校毕业生张玮口才不错，在与用人单位代表面谈时自我感觉良好。一番海阔天空的高谈阔论以后，当对方问他的个人爱好是什么时，他竟得意洋洋地宣称是"游山玩水"，结果被用人单位毫不犹豫地拒之门外。

[分析]张玮的失败是典型的自负心理造成的。自负在心理学上指过高地估计个人的能力，从而失去自知之明。总是自以为是、自负自傲，自以为自己什么都懂，什么都会，夸夸其谈，胡吹海侃，结果留给用人单位的是浮躁、不踏实的印象。试想，有哪家单位肯要一个不知天高地厚、自命不凡、眼高手低的毕业生呢？

（四）要求苛刻令单位无法接受

[案例]某校现代财务管理专业毕业生小李与某集团公司经过双选、面试考核，终于进入签约阶段，协议书首先由毕业生本人签署应聘意见，该生在"应聘意见"一栏写了以下六条要求：（1）从事财会工作；（2）每周工作五日，每日八小时工作制；（3）解决户口，提供单身住房；（4）住房公积金、劳动保险、养老保险等相关支出均由公司负担；（5）每半年调薪一次；（6）公司不限制个人发展（如考研等）。最终该生因坚持自己的意见而未能被录用。

[分析]该生未被上述单位录用，根本原因在于所提要求过于苛刻。有些要求用人单位是可以满足，也应该做得到的，但有的款项就无法答应，比如，每半年调薪一次，

这种要求恐怕任何单位都无法答应。

（五）态度不佳

[案例] 上海某单位在面试过程中，向考生提出难题："我们单位是全国数一数二的大集团公司，下面有很多子公司，凡被录用的人员都要到基层去锻炼，基层条件比较艰苦，请问你们是否有思想准备？"

毕业生A说："吃苦对我来说不成问题，因为我从小在农村长大，我很乐意到基层去。只有在基层摸爬滚打才能积累丰富的工作经验，为今后发展打下基础。"

毕业生B则回答："到基层去锻炼我认为很有必要，我会尽一切努力克服困难，好好工作。但作为年轻人总希望有发展的机会，不知贵公司安排我们下去的时间多长？还有可能调回来吗？"

结果毕业生A被录用，毕业生B被淘汰。

[分析] 在求职时，用人单位最看重的是你能够为用人单位作出什么样的贡献，而不喜欢只是一味地关心个人利益的毕业生，这样只会留给用人单位以"个人利益优先"的印象。

（六）附加协议一定要权衡利弊

[案例] 某毕业生参加了考研，但成绩尚未出来，自己又没什么把握，于是竭力去单位应聘，后该单位要求正式签约。该生担心错过良机，匆忙签约。且未仔细推敲附加内容，即"服务期内不得以任何理由提出升学、出国、调动等要求，否则，缴违约金若干"。

不久，研究生录取分数出来了，该生收到了某校的录取通知，但是单位却不答应更改协议。无奈，该生只好放弃深造机会，履行协议。

[分析] 多数毕业生在与用人单位签约时，往往会忽略附加协议，这个案例提醒我们，在与用人单位签约时，对于用人单位所提出的附加协议，一定要弄清原委，并权衡利弊，要学会保护自己。

（七）顾此失彼，得不偿失

[案例] 某校经济学院毕业生在大四下学期因外出找工作单位，后又在该单位实习，竟然错过了该学期某课程的考试。由于缺考，这门课程没有成绩，只好重修。因为重修，毕业证、学位证不能按期拿到。由此必须推迟到单位报到，还有可能被单位退回学校。顾此失彼，得不偿失。

[分析] 很多毕业生在毕业前的半年，会花大量的时间和精力在找工作上，往往就会忽略学习的课程，造成诸如上面案例中的严重后果，最后顾此失彼，得不偿失。因此，要学会合理地运用时间，才能顺利毕业，并找到心仪的工作。

五、面试的技巧

（一）守　信

守信最基本的表现就是守时。面试最好提前5~10分钟到达面试地点，以表示求职的诚意，给对方以信任感，也可缓解一下紧张的心态，还可做一些简单的准备，以免仓促上阵，手忙脚乱。如某毕业生迟到了五分钟才到达面试地点，见到招聘人员马上说明理由是因为自行车链条断了并表示歉意，但招聘人员问他的第一个问题是：

"请解释时间的概念并回答你做事之前是否做了准备?"由此可见，对于面试的地点，最好能提前去一趟，一来可以观察、熟悉环境；二来便于掌握路途往返时间，以免因一时找不到地方或途中延误而迟到给招聘者留下不好的印象，甚至会错失面试的机会。

（二）举止大方，彬彬有礼

进入面试场合不要紧张，不管是门关着还是开着，都应敲门得到允许后再进去。在主试人没有请你坐下时，切勿急于落座。主试人请你坐下时应道声："谢谢!"不跷二郎腿，手臂不搭扶手，坐下后保持良好的状态，切忌大大咧咧、左顾右盼、满不在乎、不断抖动足部。一定要避免身体左右摇晃、抠鼻子、挖耳朵等不雅动作，以免引起招聘人员反感。离去时应询问："您还有什么要问的吗?"得到允许后应微笑起立，道谢后并说："再见。"

（三）自信稳重，从容不迫

对主试人的问题要逐一回答，对方给你介绍情况时，需认真聆听，为了表示你已听懂并感兴趣，可以在适当的时候点头或适当提问、答话。回答主试者的问题，口齿要清晰，语速、音量适中，要说普通话。一般情况下，不要打断主试人的问话、抢问抢答，否则就会给人急躁、鲁莽、不礼貌的坏印象。当不能回答某一问题时，应如实告诉主试人，含糊其辞和胡吹乱侃会导致面试失败。

[案例] 例如某毕业生被问到："肝硬化病人肝组织结构变化特征有哪些?"对此，该毕业生被问住了，但他这样回答："老师，这个问题因为所学的时间已较长，记得不太清楚，非常抱歉。这也说明我基础不够扎实，假如我还有机会参加下一轮面试，我一定给各位老师一个满意的答案。"该毕业生虽然没有回答出问题，但却给主试者留下了诚实、谦虚的印象。

（四）态度积极，正确对待挫折和失败

在面试的过程中，可能会遇到之前没有想到的挫折和失败，但是，要明白被用人单位拒绝是求职中常有之事。请记住杰·马丁说过的一句话："虽然我们控制不了环境，却能控制积极的态度和思想，这是我们一生成败的关键，掌握这个原则便能成功。"顽强的意志、坚韧不拔的毅力、百折不挠的精神就是积极的态度。当无能为力、束手无策，宣告绝望的时候，再忍耐和坚持，便会取得成功，不可能就成为可能。

六、回答问题的技巧

（一）要把握重点、条理清楚、有理有据

一般回答问题要结论在先，议论在后，先将自己的中心意思表达清晰，然后再做叙述和论证，否则，长篇大论会让人不得要领。

（二）要讲清原委，避免抽象

主试人提问总是想了解一些应试者的具体情况，切不可简单地以"是"或"不是"作答。针对所提问题的不同，有的需要解释原因，有的需要说明细节。不讲原委、过于抽象的回答，往往不会给主试者留下具体的印象。

（三）确认提问内容，切忌答非所问

如果对主试人提出的问题，一时摸不着边际，以致不知从何答起或难以理解问题的含义时，可将问题复述一遍，并先谈自己对这一问题的理解，请教对方以确认内容。对不太明了的问题一定要搞清楚，这样才会有的放矢，不至于南辕北辙，答非所问。

（四）有个人见解，有个人特色

主试人面试应试者若干名，相同的问题问若干遍，主试人难免会有乏味、枯燥之感。只有具有独到的个人见解和个人特点的回答，才会引起对方的兴趣和注意。

（五）知之为知之，不知为不知

面试时遇到自己不知、不懂、不会的问题时，回避、闪烁其词、默不作声、牵强附会、不懂装懂的做法均不足取。诚恳、坦率地承认自己的不足之处才会赢得主试者的信任和好感。

七、应聘者成功应对面试考官的八大秘诀

面试官		应聘者
类型	表现形式	对策
性格外向型	充满活力；善谈；肢体语言丰富；富有感染力；表里如一，想到什么就说什么。	**顺从倾听式** 随他们去说，你只要做个好听众，面带微笑，频频点头，心领神会即可；时而温和平静，时而大笑，时而做惊讶状，时而做陶醉状，一言以蔽之要变化多端。
性格内向型	外表冷峻，不喜形于色；不善言谈；几乎无任何肢体语言；喜欢沉思默想，而后出言表达。	**温和提问式** 时而提问，时而倾听；不要打断他的谈话，要有耐心，给他时间去沉思默想。
性格感应型	语言简洁精练，直述其意；无想象力，求实际，重事实。	**直截了当式** 直接切入主题；问一句答一句，有理有据，不要夸夸其谈；直接阐述你的实际工作经验，最好引述一两例成功案例。

续　表

面试官		应聘者
类　型	表现形式	对　策
性格直觉型	谈话高深莫测；喜欢用形容词和成语修饰；其谈吐和表情给人以模糊、含混的感觉。	**假装领悟式** 尽力保持谈话不要简短，亦可以引用成语和典故；要表现出你的创造性和古灵精怪的思维；强调你已经领悟了他高深莫测的寓意。
貌如思想家型	富有严密的逻辑思维能力；善于分析和推理；性格敦厚。	**以毒攻毒式** 回答问题时，你也要逻辑严密；与他的观点和立身之道保持一致；表现出你也是公正无私、敦厚之人。
敏感试探型	友好，温和；善解人意，富有同情心；善用外交手腕，处世圆滑。	**善解人意式** 要温和，平稳；表现出你的热情助人行为，以及你的通情达理和为他人着想的美德；表现出你是如何协调组织和善于沟通不同人之间关系的能力。
貌如审判官型	非常严肃和冷静；具有决定性和组织的权威之感；凌驾于你的 IQ 和 EQ 之上，任意判断，独断专行。	**被驯服式** 要有充分准备，作乖乖状且随机应变；谦虚谨慎，多向他征求意见；服从组织安排，要有"叫干啥就干啥"的精神。
貌如观察家型	喜顽皮，善用游戏等方式测试候选人；好奇心强；想法随意，大有天马行空之式。	**期待响应式** 要热烈响应他的任何提议，积极参与并协助完成他对你的各种测试；时刻期待着回答他对你提出的各种问题，但要有选择地回答；不要勉强作出评价和表达自己的意思。

八、巧避面试陷阱

陷阱一：

"我上学那会儿某一门功课经常不及格，我发现你这门功课好像也学得不太好，你能谈谈是什么原因吗？"

[分析] 对于这样的问题，如果你顺着杆儿爬，回答说："那门功课太难了，所以……"那你可就大错特错了，因为主考官问这种问题绝对不是在和你套近乎，很大程度上，他可能是在考验你面对问题时所表现出的态度：是从自身查找原因，还是喜欢推卸责任？

[对策] 最好的处理办法是既不推卸责任，也不要一味自责，而是直面现实。你可以这样回答："是的，我这门功课成绩不是太好，但我相信这不会成为我拥有这份工作的障碍。"

陷阱二：

您作为财务经理，如果总经理要求您在一年之内逃税100万元，您会怎么做？

[分析] 实际上，主考官这个时候真正考核的不是你的业务能力，而是你的商业判断能力及商业道德方面的素养。因为在几乎所有的国际化大企业中，遵纪守法都是员工行为的最基本要求。

[对策] 你可以这样回答："我想您的问题只是一个'如果'，我确信像贵公司这样的大企业是不会干违法乱纪的事情的。当然，如果您非要求我那么做的话，我也只有一种选择：辞职。"

陷阱三：

"你认为自己过去工作中最值得骄傲的一件事是什么？"

[分析]　主考官绝不是为了让你彰显自己过去的辉煌成绩，而是在调查你的思维模式和心理特征。如果你如数家珍地将自己过去的成绩一一罗列开来，只能给人留下一种骄傲自满或好大喜功的印象。

[对策]　你可以这样回答："在大家的帮助下，我曾经带领大家……"这样的回答既显示了自己积极主动、团结协作、勇于进取的一面，同时又表明自己尊重别人的劳动，显得客观、公平。

陷阱四：

"真对不起，我们不能录用你！"

[分析]　一些主考官可能会问一些极为刁钻或是让人感到非常尴尬的问题，以检验应聘者的心理承受能力。有时他们甚至会用一个明显不友好的发问，或是用怀疑、尖锐、单刀直入的眼神，使应聘者心理防线完全崩溃。如果这个时候你被激怒，或者完全失去信心，那你可就中圈套了。

[对策]　面对主考官的咄咄逼人，当你黔驴技穷的时候，别忘了应战绝招：微笑着面对挑战。因为一个真正的智者，无论在什么情况下，都应该永远保持智慧和谦和的微笑。

九、女性求职如何回答敏感问题

（一）你认为家庭与事业之间存在着难以调和的矛盾吗？

建议这样回答："我认为无论在工作上还是在家庭中，女性的最大目标都是要使自己活得有价值。虽然我是一个很想通过工作来证实自己的能力、体现活着的意义的人，但谁能说那些相夫教子培养出大学生、博士生的农家妇女就活得没有价值呢？"

（二）你如何看待晚婚晚育？

建议这样回答："谁都希望鱼与熊掌能够兼得，当二者不能同时得到的时候，在一段时间内我会选择工作，因为拥有一份好的工作，将来培养孩子就会有更为坚实的经济基础，我想总会有合适的时候让我二者兼得。"

（三）面对上司的非分之想，你会怎么办？

回答此类问题，最好委婉一些。如"你们提出这个问题，我非常感激，这说明贵单位的高层领导都是光明磊落的人。不瞒诸位，我曾在一家公司干过一段时间，就是因为老板起了非分之念，我才愤而辞职的，而在当初他们招聘时恰恰没问到这个问题，两相比较，假若我能应聘进贵单位，就没有理由不去为事业殚精竭虑"。

（四）你喜欢出差吗？

不少刚工作的年轻女性面对这一问题可能会马上回答："我现在年轻，在家里坐不住，特别喜欢出差，一方面为公司办事，另一方面又可以领略到美妙的自然风光。"

而有一位女士是这样回答的："只要公司需要出差，我会义无反顾。这两年因忙于求学和求职，几乎没出过远门，尽管家人不反对，男友也想陪我出去转转，但终未成行。出差很可能会成为我今后工作的一部分，这一点在我来应聘前，家人早就告诉我了。"

两种回答都体现了不错的口才，但第一种回答在表达效果上要差一些，出差顺便逛逛风景名胜本在情理之中，可这样一表白，难免会让人对你产生将出差与游览主次颠倒的感觉；第二种回答妙在那位女士深知主考提问的目的，回答切中了要害。

第五节　如何回答面试中可能提到的问题

（一）能谈谈你自己吗？

这是一个比较随便的问题，主试者为了使你消除紧张心理，通常把它作为第一个问题提出。此问题看似较随意，但是，作为求职者来说一定要准备充分，不可小视。往往一个高水平的面试者就是问你一些简单的问题，正因为容易回答，他才能获得更多的信息。

（二）你了解我们单位吗？

这是主试者试图借此了解你对其单位的关注程度和到该单位的决心。

（三）为什么你选读此专业？

这个问题主要是考察你对专业的热爱程度，你对专业知识的掌握程度以及你将来从事这项工作的态度和发展方向。

（四）你学过的科目与我们的工作有什么关系？

回答时，要简明扼要地把自己学过的重点课程作说明（包括课程名称、考试成绩），特别是与用人单位需要的人才之间的关系讲清楚。

（五）你喜欢你的母校吗？

一般而言，对这个问题要积极肯定地回答，一个不爱母校、不尊敬老师的求职者不会受到欢迎。

（六）你有什么特长、爱好？

这个问题要如实回答，不可无中生有，也不可过分谦虚，因为一个爱好广泛、多才多艺的毕业生将备受用人单位的青睐。

（七）你有什么缺点？

这是个常常被问及且又难以回答的问题，难就难在一般人难以对自己有一个客观的评价。如实讲述自己的优缺点，并不会减少录用机会，回答问题的态度比回答问题的内容更重要，但是应尽量避免谈及你缺乏的恰恰是你即将从事的工作所需要的能力及素养。

（八）你是否打算继续学习？

有的用人单位希望你将来进一步深造，而另一些用人单位则希望你坚持工作岗位。对于是否继续学习，要做肯定回答，因为每一个人都要建立终身学习的概念；还要补充说明深造完成后，如果再给我一个机会的话，我还想回到贵单位工作。

（九）你还有什么疑问？

这暗示面试将要结束，应把握机会，通过提问或表态等方式强化主试者对你的印象。

面试中常常被提到的问题还有很多，下列各种问题可供求职者在准备面试时参考：

你的家庭情况怎样？

你谈恋爱了吗？

你最喜欢或最不喜欢的事情是什么？

大学四年你做过最得意的事是什么？

业余时间你都干些什么？

你参加过什么样的课外活动？

你遇到过的最大困难是什么？

你的理想是什么？

你想怎样取得成功？

你爱读什么样的书?

你身体状况如何?

你觉得学历和工作经验哪个更重要?

你喜欢和什么样的人交往?

你喜欢独立工作还是和别人合作?

你的适应能力如何?

你对自己的学习成绩是否满意?

如果让你重新考大学,你会报什么专业?

你喜欢什么样的文体活动?

一般你怎样过假期?

你找工作首先考虑的因素是什么?

为什么你喜欢这种工作?

你喜欢什么样的领导?

到本单位上岗之前,让你先到基层锻炼,你愿意吗?

面试交谈中难免紧张而出现失误,此时,切不可因一时的失误而灰心丧气,要记住,一时的失误不等于面试失败,重要的是要战胜自己,不要轻易放弃机会。即使一次面试没有成功,也要分析原因,总结经验,以新的姿态迎接下一次的面试。

消极人生只会消磨斗志,消耗精力,浪费你的青春,这样,幸运之神永远不会降临。就像地下的种子,倘若没有蓬勃向上的精神,它永远没有重见天日的可能。积极的人生就像踢足球一样,多跑一步未必进球,但不跑出脚就永远没有"一球定乾坤"的壮举。

因此,求职初遇"红灯"的毕业生,在求职应聘时,应采取以退为进、从头做起的策略,乃不失为明智之举。

第六章　自信走进模拟考场

随着当前就业形势的日益严峻，以及用人单位对毕业生素质多方面的要求，大学毕业生在校期间的就业指导作为综合素质教育的组成部分，采取多形式、多样化的就业指导培训对于培养具备较强竞争力的毕业生具有十分重要的意义。

"体验式教学"是现今高校就业指导中应用的一种新型教育模式，它是通过实践来认识周围的事物，用亲身的经历去感知、理解、感悟、验证教学内容的一种教学模式。"体验式教学"模式合理运用到高校就业指导中，这在很大程度上提高了学生以自我体验为主的学习积极性。教学过程中有更多的师生互动，达到认知过程和情感体验过程的有机结合。

尤其是在学生进入高年级阶段，除了积极为毕业生做好就业政策的宣传、就业信息的搜集与传递，应侧重于择业指导、升学指导和创业指导，引导毕业生转变角色，适应社会，实现就业理想。更重要的是通过"体验式教学"模式，将就业指导的理论与模拟面试情景相结合，为学生提供个性化指导，与学生进行面对面的沟通和交流，积极帮助大学生发展健全的"职业自我概念"，帮助大学生提高学习的自主性和知识的运用能力，使学生适应社会的发展变化和科学技术的不断进步，培养适应市场经济的变化、社会需要的人才。同时，在模拟考场中进行的个性化就业指导有助于指导教师针对毕业生不同的家庭背景、个人综合素质、专业、性格、社会经历，以及市场对人才的需求情况来分析，以维护毕业生切身利益为出发点，积极有效地帮助大学生在全面了解社会需求形势、正确评价自己的基础上，制定与自己能力和特点相符的职业规划。

同时，通过模拟考场这种"体验式教学"，将充分调动学生的积极性、自主性与创造性，培养学生的全面性，能促进学生身体、心理、知识、能力、智力包括道德观、人生观、价值观等得到了全面的发展。同时，对于加强学生的职业能力和团队协作精神也是非常有效的，这使得毕业生在毕业走向社会时，更具有竞争力。

第一节　模拟考场的程序及要求

一、目的与要求

模拟考场是在开设了就业指导课程的基础上，使理论与实践相结合的一种形式。其目的在于通过模拟真正的求职面试现场，一方面，让学生进行增强自信心以及团队合作的训练，以放松和充满自信的心情走入面试现场；另一方面，利用就业指导讲座中的理论知识，从自我介绍到面试中普遍问题的回答，通过老师的分析、反馈与评价，使学生能够从模拟的面试情境中学会如何赢得良好的第一印象、如何回答问题及规避面试陷阱等，从而提高学生的综合竞争力，在求职场上从容应对。

二、模拟考场的程序

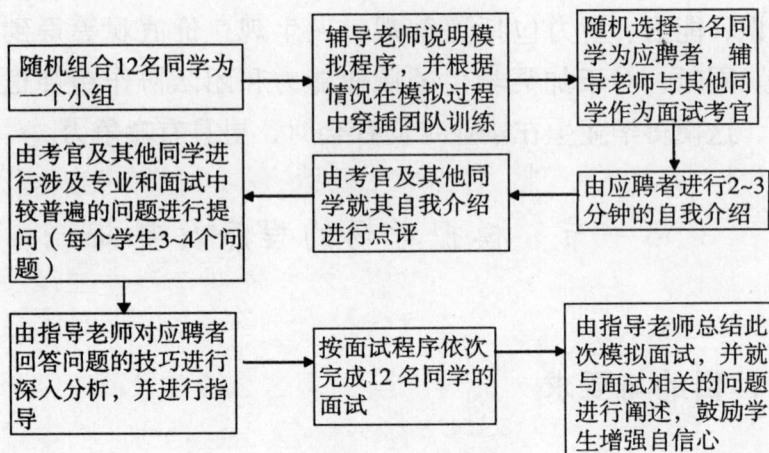

```
┌──────────────┐     ┌──────────────┐     ┌──────────────┐
│随机组合12名同学为│ →  │辅导老师说明模 │ →  │随机选择一名同 │
│一个小组      │     │拟程序，并根据 │     │学为应聘者，辅 │
│              │     │情况在模拟过程 │     │导老师与其他同 │
│              │     │中穿插团队训练 │     │学作为面试考官 │
└──────────────┘     └──────────────┘     └──────────────┘
                                                    ↓
┌──────────────┐     ┌──────────────┐     ┌──────────────┐
│由考官及其他同学进│ ←  │由考官及其他同 │ ←  │由应聘者进行2~3│
│行涉及专业和面试中│     │学就其自我介绍 │     │分钟的自我介绍 │
│较普遍的问题进行提│     │进行点评      │     │              │
│问（每个学生3~4个问│     │              │     │              │
│题）          │     │              │     │              │
└──────────────┘     └──────────────┘     └──────────────┘
      ↓
┌──────────────┐     ┌──────────────┐     ┌──────────────┐
│由指导老师对应聘者│ →  │按面试程序依次 │ →  │由指导老师总结此│
│回答问题的技巧进行│     │完成12名同学的 │     │次模拟面试，并就│
│深入分析，并进行指│     │面试          │     │与面试相关的问题│
│导            │     │              │     │进行阐述，鼓励学│
│              │     │              │     │生增强自信心  │
└──────────────┘     └──────────────┘     └──────────────┘
```

模拟考场的程序示意图

第二节 进入模拟考场的准备

因为模拟考场是在大学毕业生掌握了与求职相关的知识后进行的一项模拟训练，因此，需要每一位毕业生在进入模拟考场之前，熟悉求职的相关知识，尤其是求职的技巧，并做好准备。

一、心态的准备

把自己调整到实际找工作面试的状态，并且让自己真实地感受到即将要为面试的工作奋斗的心态。面试最佳结果是，面试官全面而准确地了解到了面试者的优势所在。但在面试特定情景中，多数面试者，是一半醒，一半醉。经常是面试远未开始，多数面试者就已进入这种沉闷和自我混乱状态之中了。原因是多方面的，主要原因是由于应试者认知偏差、焦虑、恐惧等莫名情绪引起的。在面试之前，明智的应试者就应该试着挖掘自己的潜在力量，用积极的心态来消除负面心理影响，满怀信心地在未来的面试中一展风采。

（一）不必苛求完美

绝对完美主义者即意味着永远的自我否定，因为他永远达不到他为自己所定的任何一个目标；绝对完美主义者也意味着不知轻重、不分主次，他会强迫自己在每一个细节上做着过分的苛求。

面试前，完美主义者最愿意做的事，是给自己制造出数以千计的心理压力；面试过程中，完美主义者会尽量地掩饰、遮盖自己的不足之处。然而，却忽略了面试的根本目的——全面而准确地展现自己的风采。心理学家研究指出，一个人的缺点必然是越抹越黑；一个人的优点，则是越擦越亮。所以面试时，不必自怨自艾，不必妄自菲薄，多想想自己的优点和长处，也不必在面试官严厉的目光下，怕暴露自己的缺点而动摇信心，成了一个蹩脚的完美主义者。

（二）自信是通向成功的捷径

面试还没有开始，很多人的信心大厦就已经垮塌。诸如他们知道在公务员录用中，面试是最关键的一环，因而习惯性地无限度地夸大面试过程中的每一个因素，把每一个因素都当成难以逾越的大山。结果，他们不战而败，弃甲投降。面试前在心理上对各种因素过分夸大，会让他们无法自如地展现自己。一旦在心理上接受某个假设，他将一步一步地踏入自我设定的陷阱中，从而严重地影响到他的理性判断力，而这正是面试中至关重要的内容。

那么，如何跨越这个心理难关呢？

面试官的确握有生杀大权，但是，面试者和面试官之间、面试者和面试者之间，更有一个核心——用人单位，面试官应为用人单位招录合格的职员，面试者则希望成为面试单位中的优秀成员，面试者学会站在用人单位的角度来考虑问题，就能够摆脱假想敌对状态。面试者可以把面试官想象为自己的上级，把竞争者设想为自己的同事。这时，面试场景将化为一种互动人际交往情境，面试者就能够在一种轻松的心理状态下从容应对。

真正健康、成熟的人际交往模式应该是，"我行——你也行，我好——你也好"。这种心态的特点是：去发现自己、他人和世界的光明面，从而使自己保持一种积极、乐观进取的精神状态。一旦拥有了这种态度，面试者不必劳神费力地去讨好主考官，压制别人，将能坦然自若地表现自己的所有优势，理性地绕过主考官有意无意设下的陷阱。

（三）不卑不亢，从容面对

面试中，最好不要让主考官明显地意识到，你在试图讨好他。原因很简单，不妨设想，现在你代表着某单位去做面试官，你愿意为自己单位招录一个唯唯诺诺、毫无主见的人吗？面试中，自卑的人过于敏感，他很容易就产生"坏了，进入僵局了"的想法，而一旦陷入这种自己设定的社交紧张状态，他下一步将做的就是——否定自我，讨好别人，尤其是讨好有权势的人。

面试是一种特殊的人际互动模式。而人际交往的合理原则是，既应顾及他人的需求，亦应考虑自身的需求。自高自大令人讨厌，自轻自贱令人可怜。现在，设想一个自卑的人是你的部下，你会单独交给他一项任务吗？你会让他追讨企业债务吗？这就是在面试中，唯唯诺诺的人不被看重的原因所在——如果面试者代表个人向面试官让步，那么他也会代表单位向其他团体让步。面试官倾向于选择自信的面试者，代表用人单位信任他。

（四）保持一颗平常心，克服焦虑

绝大多数面试者在面试时会出现应急性焦虑，这是正常的，也是必然的。面试者应学会以平常心接纳自己的焦虑，一旦能做到这一点，面试者就会发现，面试焦虑并非那么可怕。

焦虑应是生理层面的反应，它绝不会因你想摆脱它而消失。焦虑给我们带来了不快，所以我们希望能够摆脱它。但是，愈想摆脱它，焦虑却愈是存在。一句话，你越想摆脱焦虑，你就会越焦虑，而你越焦虑，你便越想摆脱它，结果便形成了一个恶性循环。摆脱这个恶性循环唯一的办法便是自己在心里暗示自己"由它去吧"。一旦你不再过分在乎你的心理焦虑，焦虑状态便会自然而然地弱化。

因此，面试前，包括面试中，面试者应学会接纳自己的正常焦虑，带着正常焦虑去做自己该做的事。

二、自我介绍的准备

按照模拟考场的程序，每一位同学均需在作为应聘者时进行自我介绍。因此，希望毕业生掌握自我介绍的技巧，做到准备在先，成竹在胸地走进模拟考场，这样，有助于缓解紧张，并给考官留下好印象。

一段简短的自我介绍，其实是为了揭开更深入的面谈而设计的。一两分钟的自我介绍，犹如商品广告，在有限的时间内，针对"客户"的需要，将自己最美好的一面毫无保留地表现出来，不但要令对方留下深刻的印象，还要即时引发其"购买欲"。

（一）自我认识

想一矢中的，首先必须认清自我，一定要弄清以下三个问题。你现在是干什么的？你将来要干什么？你过去是干什么的？

这三个问题不是按时间顺序从过去到现在再到将来，而是从现在到将来再到过去。其奥妙在于：如果你被雇用，雇主选中的是现在的你，他希望利用的是将来的你，而将来又基于你的过去和现状。

所以，第一个问题，你是干什么的？现在是干什么的？回答这个问题，要点是：你是你自己，不是别的什么人。除非你把自己与别人区别开来，在共同点的基础上强调不同点，否则你绝无可能在众多的求职者中"夺魁"。对于这第一个问题，自我反省越深，自我鉴定就越成功。

随后，着手回答第二个问题，你将来要干什么？如果你申请的是一份举足轻重的工作，雇主肯定很关注你对未来的自我设计。你的回答要具体、合理，并符合你现在的身份，要有一个别致的风格。

然后，着手回答最后一个问题，你过去是干什么的？你的过去当然都在履历上已有反映。你在面试中再度回答这个问题时，不可忽略之处是：不要抖落一个与你的将来毫不相干的过去。要忠实于事实，最简单的方法是找到过去与将来的联系点，收集过去的资料，再按目标主次排列。

用这样的方法，以现在为出发点，以将来为目标，以过去为证实，最重要的是加深了你的自我分析和理解。其实，在面试的时候不一定有机会或者有必要照搬你的大作，但这三个问题的内在联系点一定会体现在自我表述的整体感觉中，使你的形象栩栩如生。

（二）投其所好

清楚自己的强项后，便可以开始准备自我介绍的内容，包括工作模式、优点、技能、突出成就、专业知识、学术背景等。

内容众多，但只有短短一分钟，所以一切内容还是与该公司有关为宜。如果是一间电脑软件公司，应说些与电脑软件相关的话题；如是一间金融财务公司，便可说一些有关投资理财的话题，总之投其所好。

但有一点必须谨记：话题所到之处，必须突出自己对该公司可以作出的贡献，如增加营业额、减低成本、发掘新市场等。

（三）铺排次序

内容的次序亦极重要，要抓住听众的注意力，全在于事件的编排方式。所以排在首位的，应是你最想让面试者记住的事情。而这些事情，一般都是你最得意之作。与此同时，可呈上一些有关的作品或记录增加印象分。

以下这八个做事之理，出自英国大使馆 2007 年 5 月发布的"招聘需求"。只要你掌握了这八个自我介绍基本原则，将会对你日后的求职面试有一定的帮助。

（1）工作效率（Efficiency）。

（2）自我思考能力（Analytical Thinking）。

（3）把客户作为第一参考（Customer Service Orientation）。

（4）创新精神（Innovation）。

（5）竞争和共赢的关系（Relationship Building for Influence）。

（6）安排别人的工作（Holding People Accountable）。

（7）对自己的了解，包括优点和缺点（Self‑awareness）。

（8）团队合作精神（Team cooperation）。

各位同学应好好参考，这样你才会明白以前面试中你是怎么做的，以后又会怎样做。当你真正明白了，以后的找工作之路定能一帆风顺。

三、着装的准备

虽然模拟考场只是模拟面试的情景，但如果能利用好"非言语沟通"的技巧，穿上较为正式的着装，一方面能赢得所有人的青睐，更重要的是，能够让模拟考场上的指导老师对你的着装进行指导，从而让你自信地走入真正的面试现场。

着装力求简洁大方，无论你穿什么，都必须充分体现你的自信。一般来说，所穿的服装要保证干净，而且适合此行业穿着。尤其是去外企，一定要穿比较职业的服装。男士应着西装，女士应穿套装。适合的着装可以提升自信心。只有你的着装与周围人相融合，你才会感到融洽放松，你的自信心自然也会提升。那么是否一定要穿名牌呢？其实真的没必要。大的外企不会看重这些，真正看重的是你的内在素养。

四、语言的准备

求职面试中有特殊的语言要求。语言是人类用以表达思想、进行社会交往的最基本的方式，而求职面试同其他社会交往一样，是以语言表达思维，互相沟通的社会行为，所以，社会所认可的良好的语言习惯也是求职面试应达到的水准。养成良好的语言习惯，要经过日积月累，决不能一蹴而就，能在昼夜之间准备就绪。

（一）良好的语言习惯

不犯语法错误，表达流利，用词得当，言之有物。同样重要的还有说话方式，以及礼貌用语的使用会让你有意想不到的收获。

（二）发音清晰

发音清晰，咬字准确，对一般人来说并不难。但有些人由于发音器官的缺陷，个别音素发音不准。针对这样的情况，如果严重影响人们理解，或影响讲话整体质量的，应少用或不用含有相关音素的字或词。当然，如果有方法矫正的应该努力矫正，不要采取消极的方法。古希腊演说家德摩斯梯尼口含鹅卵石练出一付伶俐口齿的故事，可能会使你得到一些启示。

（三）语调得体

无论是哪一种语言对于各种句式都有语调规范。有些同样的句子，用不同的语调进行处理，可表达不同的情感，收到不同的效果。有研究表明，使用上扬语调易对听者造成悬念，提高他的兴趣，但若持续时间过长会让听者引起疲劳。而降调则表现说话人果敢决断，有时显示他的主观武断。

得体的语调应该是起伏而不夸张，自然而不做作。富有情感变化的抑扬顿挫总比生冷平板的语调感人。

（四）声音自然

面试中要用真声说话，音调不高不低，不仅听来真切自然，而且有利于缓解紧张情绪。

（五）音量适中

音量以保持听者能听清为宜。适当放低声音总比高嗓门顺耳、有礼。喃喃低语是没有自信的表现，而嗓门大，既影响周围环境，又有咄咄逼人之势。

（六）语速适宜

适宜的语速并不是从头到尾一成不变的速度和节奏。要根据内容的重要性、难易度及对方注意力情况调节语速和节奏。说话节奏适宜地减缓比急迫的机关枪式的节奏更容易使人接受。

除了上述六点，还要警惕一个很容易破坏语言意境的现象——过分使用语气词、口头语。例如，老是用"那么"、"就是说"、"嗯"等引起下文，或者在英语的表达中使用太多的"well"、"and"、"you know"、"OK"及故作姿态的"yeah"等，不仅有碍于人们的连贯理解，还容易引人生厌。

大多数人对自己的说话习惯、语音语调都只有纯自我的感觉，这种感觉常发生失误。如果把自己日常生活中的语言录下来再放出来听，往往很容易找到不尽如人意之处，这是进行自我检查和调节很适宜的办法。

参考文献

[1] 程社明. 职业生涯规划. 北京：新华出版社，2007.

[2] E. N. 查普曼（Elwood N. Chapman）著，韩经纶、曾辉译. 职业生涯发现方案. 天津：南开大学出版社，2002.

[3] 张再生编著. 职业生涯管理. 北京：经济管理出版社，2002.

[4] 龙立荣、李晔编著. 职业生涯管理. 北京：中国纺织出版社，2003.

[5] 罗双平编著. 职业选择与事业导航. 北京：机械工业出版社，2007.

[6] 〔美〕戴安·萨克尼克（Diane Sukiennik）、〔美〕威廉·班达特（William Bendat）、〔美〕丽莎·若夫门（Lisa Raufman）著，李洋、张奕译. 职业生涯规划教程. 北京：中国劳动社会保障出版社，2005.

[7] 樊钉等编著. 职业生涯规划卷. 北京：人民邮电出版社，2001.

[8] 姚裕群编著. 职业生涯规划与发展. 北京：首都经济贸易大学出版社，2003.

[9] 周炳全、谢彩英主编. 职业生涯规划与就业辅导. 广州：华南理工大学出版社，2007.

[10] 杨丽敏主编. 职业生涯规划与就业指导. 昆明：云南大学出版社，2005.

[11] 沈登学、孔勤主编. 职业生涯设计学. 成都：四川大学出

版社，2003.

[12] 赵欣主编．职业生涯规划与就业指导．长春：东北师范大学出版社，2007.

[13] 刘敏榕．职业生涯规划与就业实训．天津：天津科学技术出版社，2009.

[14] 吴丽荣主编．护士职业生涯规划．南京：江苏科学技术出版社，2009.

[15] 夏光主编．大学生职业生涯规划指南．北京：机械工业出版社，2009.

[16] 张云昌主编．职业生涯规划与就业指导．大连：大连理工大学出版社，2009.

[17] 王友明主编．大学生职业生涯规划．上海：同济大学出版社，2009.

[18] 田仁、张伟英主编．职业生涯规划与就业指导．西安：第四军医大学出版社，2009.

[19] 胡志强主编．大学生职业生涯规划与就业指导．北京：中国传媒大学出版社，2009.

[20] 陆祖庆主编．职业生涯规划．北京：化学工业出版社，2009.

[21] 陆红、索桂芝主编．大学生职业生涯规划与职业素质培养．大连：东北财经大学出版社，2009.

[22] 魏跃主编．中国营养师职业生涯规划与实践．北京：人民军医出版社，2009.

[23] 于华龙、郜凤琳主编．大学生职业生涯规划概论．郑州：河南大学出版社，2008.

[24] 付中承主编．职业生涯规划．郑州：河南大学出版社，2008.

[25] 侯丽萍、崔玲主编．职业生涯规划与择业就业指导．北

京：中国工商出版社，2008.

[26] 刘华利主编. 大学生职业生涯规划. 哈尔滨：东北林业大学出版社，2008.

[27] 刘善球、张玉东主编. 大学生职业生涯规划与就业指导教程. 长沙：中南大学出版社，2008.

[28] 刘彤、赵欣主编. 职业生涯规划与就业指导. 长春：东北师范大学出版社，2008（2）.

[29] 卢志鹏主编. 职业生涯规划与就业指导. 北京：经济科学出版社，2008.

[30] 史勤先、金春雷主编. 大学生职业生涯规划与就业指导. 贵阳：贵州人民出版社，2008.

[31] 史梅、万金淼、应金萍主编. 职业生涯规划与就业指导. 武汉：武汉大学出版社，2008.

[32] 周宏岩、苏文平主编. 大学生职业生涯规划与就业指导. 北京：化学工业出版社，2008.

[33] 周建胜主编. 大学生职业生涯规划与就业指导. 北京：科学出版社，2008.

[34] 冯智恩、周雨主编. 大学生职业生涯规划与就业指导. 北京：北京理工大学出版社，2008.

[35] 姚裕群编著. 职业生涯规划与发展. 北京：首都经济贸易大学出版社，2007（2）.

[36] 宋继勋、朱新华、何东主编. 大学生职业生涯规划. 石家庄：河北大学出版社，2008.

[37] 崔杰编著. 大学生职业生涯规划理论与方法. 杭州：浙江工商大学出版社，2008.

[38] 张乐敏、吴玮、宋丽珍主编. 大学生职业生涯规划与管理. 上海：复旦大学出版社，2008.

[39] 张国忠、曲贵海主编. 大学生职业生涯规划与就业指导.

北京：中国计量出版社，2008.

[40] 张娟、杨国欣、黄天利主编．大学生职业生涯规划与就业指导．郑州：河南大学出版社，2008.

[41] 张建国主编．大学生职业生涯规划导论．杭州：浙江工商大学出版社，2008.

[42] 张文．职业生涯规划论稿．南昌：江西教育出版社，2008.

[43] 张普权主编．大学生职业生涯规划与就业指导．西宁：青海人民出版社，2008.

[44] 徐笑君．职业生涯规划与管理．成都：四川人民出版社，2008.

[45] 徐辉主编．大学生职业生涯规划与就业指导．南京：河海大学出版社，2008.

[46] 方伟主编．大学生职业生涯规划咨询案例教程．北京：北京大学出版社，2008.

[47] 曲振国主编．大学生就业指导与职业生涯规划．北京：清华大学出版社，2008.

[48] 曹广辉主编．职业生涯规划与择业．北京：高等教育出版社，2008（2）.

[49] 曾美英、窦秀明编著．大学生职业生涯规划与辅导．北京：北京航空航天大学出版社，2008.

[50] 朱凌玲、吴笛编著．从无领到白领．哈尔滨：哈尔滨出版社，2008.

[51] 林学军编著．当代大学生职业生涯规划与管理．广州：暨南大学出版社，2008.

[52] 林泽炎主编．员工职业生涯设计与管理．广州：广东经济出版社，2003.

[53] 杨明喜主编．大学生职业生涯规划与就业指导．海口：南

海出版公司，2009.

[54] 韩景旺、沈双生、田必琴主编．我的生涯我做主：大学生职业生涯规划与就业指导．石家庄：河北大学出版社，2008.

[55] 卜欣欣、陆爱平编著．个人职业生涯规划．北京：中国时代经济出版，2004.

[56] 刘建新等．大学生生涯辅导．上海：上海交通大学出版社，2006.

[57] 赵汝琨．法律帮助一点通——劳动争议．北京：中国检察出版社，2006.

[58] 孟刚．劳动权益保护．长春：吉林人民出版社，2001.

[59] 张建东、线连平编．大学生就业案例教程．北京：中国人民大学出版社，2006.

[60] 陈爱江．就业与劳动权益的法律保护．北京：国防工业出版社，2006.

[61] 左祥琦编．诠释劳动权益．北京：中国劳动出版社，2003.

[62] 季跃东．大学生职业发展与就业指导．北京：科学出版社，2008.

[63] 张颖．大学生权益维护与犯罪预防案例精选．北京：企业管理出版社，2007.

[64] 邵芬主编．新编劳动法学．昆明：云南民族出版社，2004.

[65] 瞿振元主编．大学生就业指导．北京：高等教育出版社，2004（3）.

[66] 高桥、葛海燕主编．大学生就业指导．北京：清华大学出版社，2009.

[67] 鲁宇红．大学生职业生涯规划与就业指导．南京：东南大

学出版社，2008.

[68] 徐觅、陶建国．大学生职业生涯规划．北京：北京航空航天大学出版社，2009.

[69] 杨金娥、李斌山．大学生就业指导．北京：科学出版社，2009.

[70] 徐建军．大学生职业规划与就业指导．长沙：中南大学出版社，2008.

[71] 邓长青、吴芮凌、彭德忠主编．大学生就业指导．武汉：华中科技大学出版社，2008.

[72] 曲振国主编．大学生就业指导与职业生涯规划．北京：清华大学出版社，2008.

[73] 胡建宏、刘雪梅．大学生职业生涯规划．北京：中国宇航出版社，2007.

[74] 张大昌主编．云南省大中专学生就业指导读本．昆明：云南大学出版社，2003.

[75] 蒋嵘涛．大学生职业生涯规划与高等教育人才培养模式改革的思考．载湘潭大学学报（哲学社会科学版），2004（3）.

[76] 梁国胜、燕雁．大学生就业遭遇职业生涯管理难题．载中国教育报，2005－10－26.

[77] 周凯．近六成学生对就业"没想清楚"．载中国青年报，2005－12－23.

[78] 李从浩．大学生就业权益维护及教育．载广西民族大学学报（哲学社会科学版），2002.

后　记

在世界经济全球化的今天，面对日趋严峻的就业形势，本书的编者认为，一方面，大学生应积极了解当前的形势及其未来的发展方向，有一个全面、客观、清醒的认识并主动适应当前的就业形势，从实际出发，敢于向社会展示自己的聪明才智，保持健康的心理，以积极的态度使自己逐渐适应社会。另一方面，从教育的层面来说，大学生就业指导是教育者根据学生个人特征和社会需要，帮助学生计划职业发展，培养职业能力，选择适宜性职业，以促进学生个人和社会的和谐发展而实施的有组织、有计划的教育实践活动。高校应加强就业指导工作的软硬件建设，当前尤其是要建立一支高素质的就业指导专兼职人员队伍。大学生的职业发展与就业指导对于大学生自身的就业和成才、高等教育的可持续发展以及社会稳定和发展都有着十分重要的意义，是当前高校亟待加强的重要工作。实践工作的开展必须以系统化的理论为指导，基于此，我们致力于大学生职业发展与就业指导问题的研究。经过编者的努力，本书得以付梓。

本书第一主编浦榕同志，副教授。1986 年毕业于昆明医学院，1998 年完成云南大学政治学在职研究生学习，自 1990 年开始从事毕业生就业工作。十九年来，一直致力于大学生成长、成才以及"就业指导与模拟考场相结合"的就业培训模式研究，积极、系统培训专职学生管理干部，使他们成为优秀的就业指导教师。先后撰写并公开出版了《云南省大中专学生就业指导读本》、《转型期人力资源配置研究》、《教研文库》、《管理文秘与办公自动化》、《走进同学们的心灵》等多部著作，公开发表论文三十余篇。浦榕同志理论功底扎实，实践经验丰富，曾多次被评为云南省毕业生就业工作"先进工作者"，也是云南省资深的毕业生就业指导专家，多次被省内外多所高校邀请开设毕业生就业指导讲座。另外，浦榕同志还先后担任昆明医学院研究生辅导员、机关团总支书记、就业指导中心主任、海源学院党委副书记，兼大学生职业发展与就业指导教研室主任。长期从事和研究大学生思想教育与就业指导工作，这为"在体验中完善自我，应对挑战"的创新型大学生就业指导模式的推行奠定了必要的理论基础和实践基础。

本书第二主编李德林同志，教授，昆明医学院海源学院院长，党委副书记，兼思想政治理论课教研室主任。在繁忙的高校管理工作中，长期从事大学生思想政治理论课、形势与政策、大学生职业生涯发展规划、大学生心理健康教育等课程的教学工作。近十年，主编或参编论著六部，发表论文三十余篇。

在本书的编写过程中，浦榕同志负责拟定写作提纲，确定写作要求及体例，并完成了全书的统稿工作；李德林同志负责撰写了第一章；杨凌同志、郭永章同志、金克炜同志负责编审工作。

本书的顺利完成还得到了云南省高校工委、云南省教育厅、云南大学出版社等单位有关领导和同志的大力支持。特别是云南省高校工委陶晴副书记于百忙之中为本书作序，在此我们致以深深的谢意！

我们希望这本书的面世能够给予大学生在职业生涯规划和就业指导方面更多的帮助，同时，对于高校在开展就业指导工作方面有一定的启发。由于时间仓促、水平有限，本书还存在许多不足，因此，我们真诚地希望得到有关专家、学者的批评指正。另外，在本书的编写过程中，我们参阅和引用了一些学者的观点，都已写入参考文献，如果有所疏漏，在此一并致歉。

编　者

2009 年 7 月 7 日